PROJECT 531

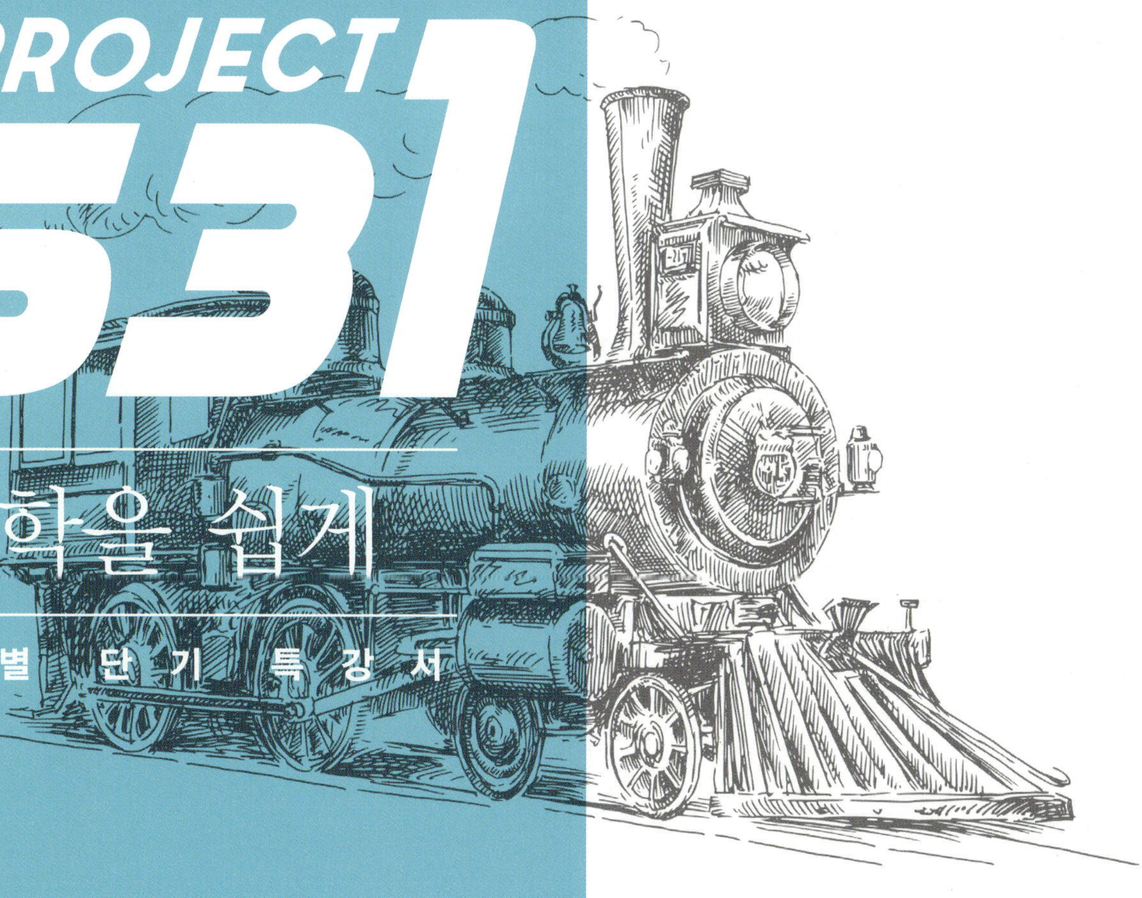

수학을 쉽게

수 준 별 단 기 특 강 서

미적분 E

STAFF		
발행인	김형중	
컨텐츠사업부문 총괄	홍태운	
퍼블리싱 총괄	노재규	
기획 실장	박상윤	
기획 · 개발	유병범 황지현 권오은 안태균 오형민	
디자인	김정인 조희정 신은지 이플디자인	

531 PROJECT 미적분 EASY
201906 초판 1쇄
펴낸곳 이투스교육(주) 서울시 서초구 남부순환로 2547
전화 1599-3225
등록번호 제2007-000035호
ISBN 979-11-6442-042-1[53410]

*531 PROJECT*와 함께라면 쉽고 빠르게 성적을 올릴 수 있습니다!

*531 PROJECT*는 쉽게 익히고, 빠르게 다지고, 확실히 성적을 올릴 수 있는 영역별 단기 특강 교재입니다.

쉽게 E

531 PROJECT 중 가장 쉽게 개념과 원리를 익힐 수 있는 교재입니다.

하나 단원별 꼭 알아야 하는 핵심 개념과 이론을 충실하게 기술한 교재입니다.

둘 핵심 개념별로 출제 빈도수가 높은 대표 유형 중 학교 내신 문제 또는 수능 2, 3점으로 출제 가능한 문제를 집중 학습할 수 있는 교재입니다.

셋 문제 풀이를 통하여 학습한 내용을 완벽하게 습득할 수 있도록 친절하고 상세한 해설과 첨삭을 덧붙인 교재입니다.

빠르게 S

531 PROJECT 중 가장 빠르게 빈출 유형을 다질 수 있는 교재입니다.

하나 단원별 꼭 알아야 하는 핵심 개념은 물론 빈출 유형을 집중적으로 학습할 수 있는 교재입니다.

둘 단원별로 주로 다루어지는 빈출 유형 중 학교 내신 문제 또는 수능 3, 4점으로 출제 가능한 문제를 집중 학습할 수 있는 교재입니다.

셋 문제 풀이를 통하여 유형별 해결 능력을 확실하게 다질 수 있도록 친절하고 상세한 해설과 첨삭을 덧붙인 교재입니다.

Structure

01

| 교과서 핵심 개념 |

- 교과서 핵심 개념을 세부적으로 구분하여 제공하였습니다.
- 개념과 관련된 문제 유형 번호를 링크하여 해당하는 유형을 바로 학습할 수 있습니다.
- 중요한 개념에 대해서는 '중요'라고 표시하여 학습에 좀 더 집중할 수 있도록 하였습니다.

02

| 대표 유형 익히기 |

- 교과서 핵심 개념 별로 출제될 수 있는 대표적인 문제들을 유형별로 구분하여 제공하였습니다.
- 대표 유형에 대한 쌍둥이 문제를 제공하여 해당 유형을 반복 학습할 수 있도록 하였습니다.

개념 Plus
개념에 대한 추가적인 설명을 담아 좀 더 쉽게 개념을 이해할 수 있도록 하였습니다.

개념 Feedback
이미 배웠던 학습 내용 중에서 복습이 필요한 개념 및 용어 등을 제공하였습니다.

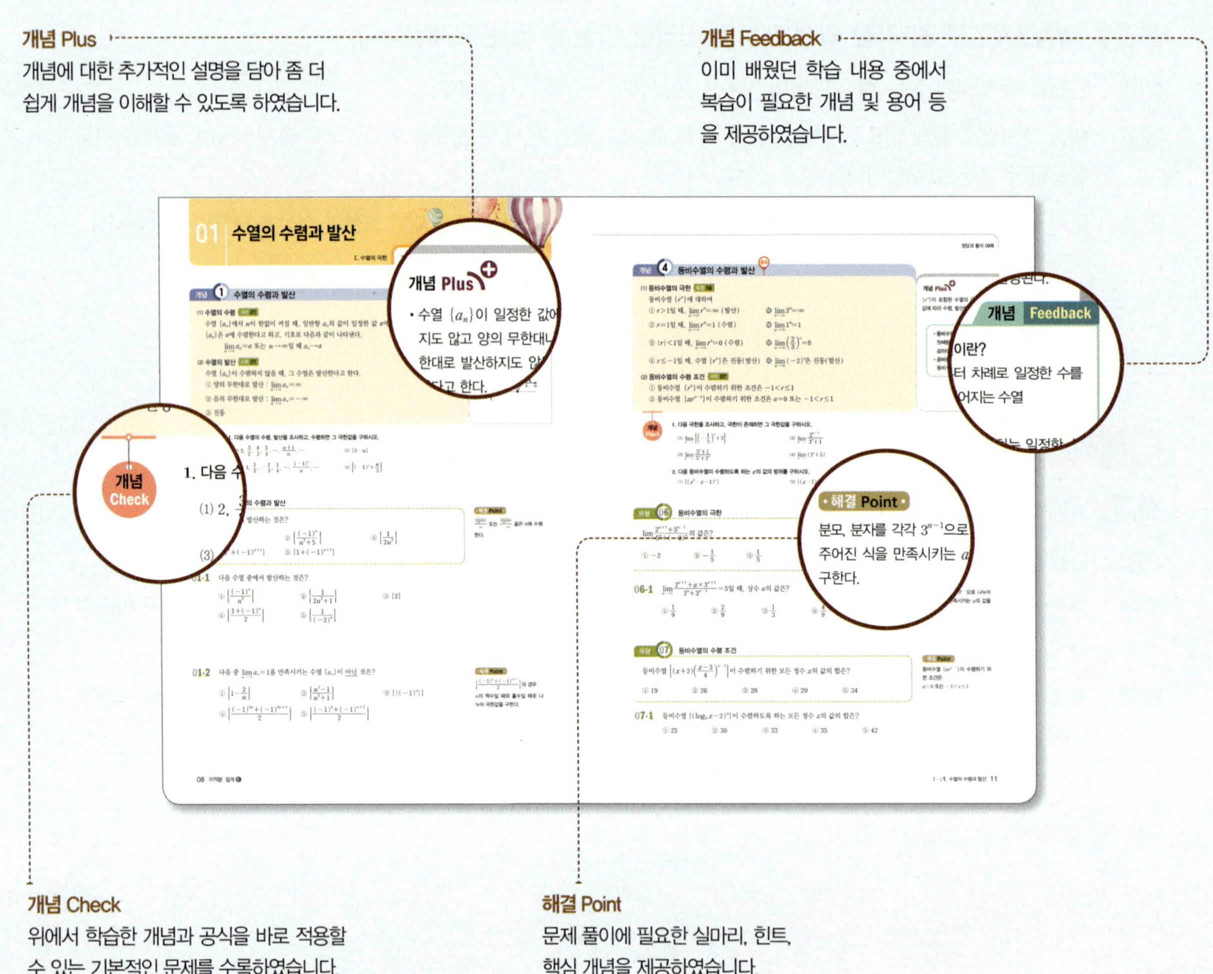

개념 Check
위에서 학습한 개념과 공식을 바로 적용할 수 있는 기본적인 문제를 수록하였습니다.

해결 Point
문제 풀이에 필요한 실마리, 힌트, 핵심 개념을 제공하였습니다.

03

| 대표 유형 다지기 |

- 앞에서 학습한 대표 유형의 유사 문제들을 제공하여 해당 유형을 반복적으로 학습하여 자신의 것으로 만들 수 있도록 하였습니다.
- 꼭 풀어봐야 하는 문제에 '중요'라고 표시하여 해당 문항의 풀이에 좀 더 집중할 수 있도록 하였습니다.

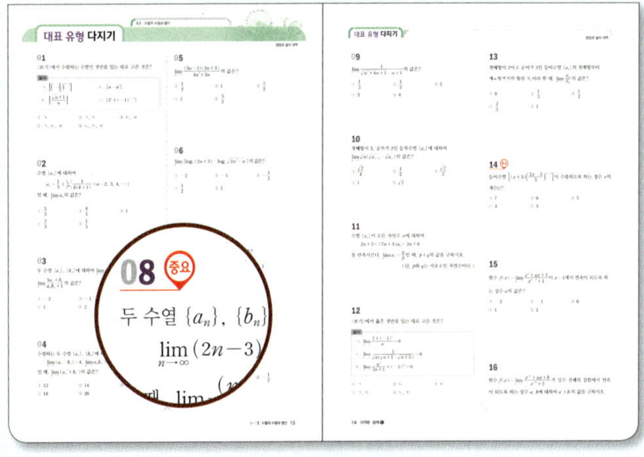

04

| 정답과 풀이 |

- 모든 문항을 상세하게 풀이하여 오답의 이유를 스스로 찾을 수 있도록 하였습니다.
- [다른 풀이] 및 [보충 설명]을 제시하여 다양한 사고를 할 수 있도록 하였습니다.

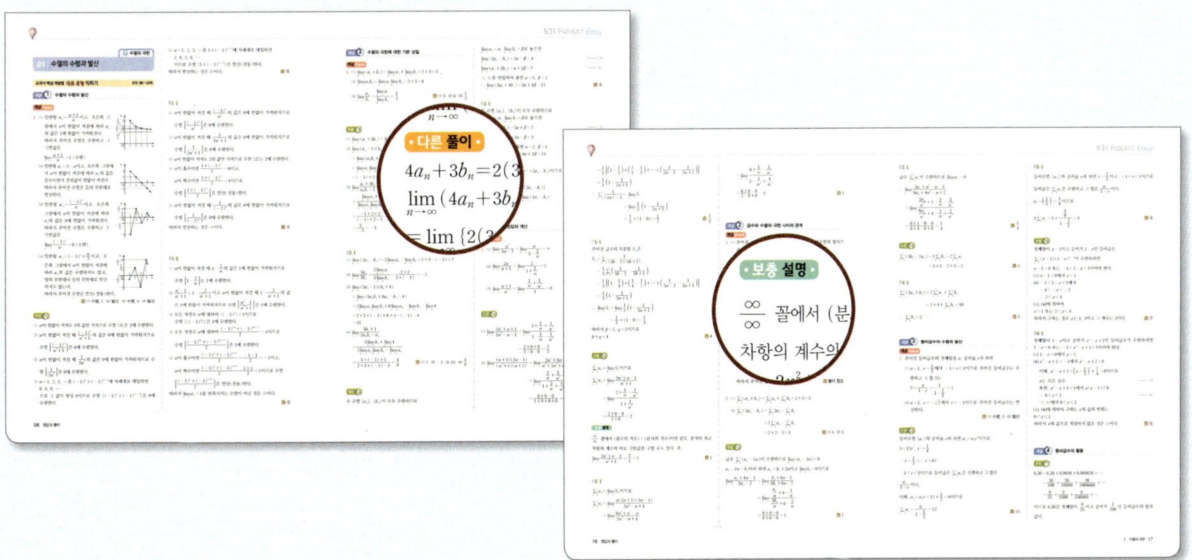

Contents

Ⅰ 수열의 극한

Ⅱ 미분법

Ⅲ 적분법

I

수열의 극한

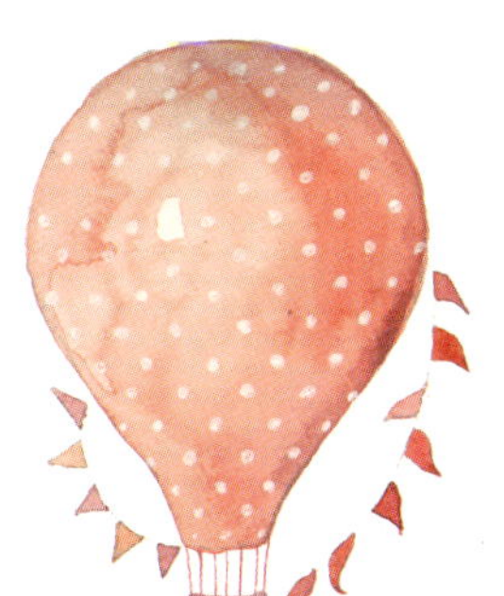

01 수열의 수렴과 발산

개념 ① 수열의 수렴과 발산

(1) **수열의 수렴** 유형 01

수열 $\{a_n\}$에서 n이 한없이 커질 때, 일반항 a_n의 값이 일정한 값 α에 한없이 가까워지면 수열 $\{a_n\}$은 α에 수렴한다고 하고, 기호로 다음과 같이 나타낸다.

$$\lim_{n\to\infty} a_n = \alpha \quad \text{또는} \quad n\to\infty \text{일 때 } a_n \to \alpha$$

(2) **수열의 발산** 유형 01

수열 $\{a_n\}$이 수렴하지 않을 때, 그 수열은 발산한다고 한다.

① 양의 무한대로 발산 : $\lim\limits_{n\to\infty} a_n = \infty$

② 음의 무한대로 발산 : $\lim\limits_{n\to\infty} a_n = -\infty$

③ 진동

개념 Plus 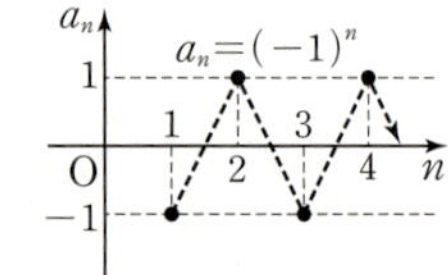

- 수열 $\{a_n\}$이 일정한 값에 수렴하지도 않고 양의 무한대나 음의 무한대로 발산하지도 않을 때, 진동한다고 한다.

예 $a_n = (-1)^n$

 **개념 Check**

1. 다음 수열의 수렴, 발산을 조사하고, 수렴하면 그 극한값을 구하시오.

(1) $2, \dfrac{3}{2}, \dfrac{4}{3}, \dfrac{5}{4}, \cdots, \dfrac{n+1}{n}, \cdots$

(2) $\{3-n\}$

(3) $-1, \dfrac{1}{2}, -\dfrac{1}{3}, \dfrac{1}{4}, \cdots, \dfrac{(-1)^n}{n}, \cdots$

(4) $\left\{(-1)^n \times \dfrac{n}{3}\right\}$

유형 01 수열의 수렴과 발산

다음 수열 중에서 발산하는 것은?

① $\{3\}$
② $\left\{\dfrac{(-1)^n}{n^3+5}\right\}$
③ $\left\{\dfrac{1}{2n^2}\right\}$
④ $\{(-1)^n + (-1)^{n+1}\}$
⑤ $\{1+(-1)^{n+1}\}$

- **해결 Point** -

$\dfrac{(상수)}{\infty}$ 또는 $\dfrac{(상수)}{-\infty}$ 꼴은 0에 수렴한다.

01-1 다음 수열 중에서 발산하는 것은?

① $\left\{\dfrac{(-1)^n}{n^2}\right\}$
② $\left\{\dfrac{1}{2n^2+1}\right\}$
③ $\{2\}$
④ $\left\{\dfrac{1+(-1)^n}{2}\right\}$
⑤ $\left\{\dfrac{1}{(-2)^n}\right\}$

01-2 다음 중 $\lim\limits_{n\to\infty} a_n = 1$을 만족시키는 수열 $\{a_n\}$이 <u>아닌</u> 것은?

① $\left\{1-\dfrac{2}{n}\right\}$
② $\left\{\dfrac{n^2-1}{n^2+1}\right\}$
③ $\{|(-1)^n|\}$
④ $\left\{\dfrac{(-1)^{2n}+(-1)^{2n+2}}{2}\right\}$
⑤ $\left\{\dfrac{(-1)^n+(-1)^{n+2}}{2}\right\}$

- **해결 Point** -

$\left\{\dfrac{(-1)^n+(-1)^{n+2}}{2}\right\}$의 경우 n이 짝수일 때와 홀수일 때로 나누어 극한값을 구한다.

개념 ② 수열의 극한에 대한 기본 성질

(1) 수열의 극한에 대한 기본 성질 유형 02, 03

수렴하는 두 수열 $\{a_n\}$, $\{b_n\}$에 대하여 $\lim\limits_{n\to\infty} a_n = \alpha$, $\lim\limits_{n\to\infty} b_n = \beta$ (α, β는 실수)일 때

① $\lim\limits_{n\to\infty}(a_n+b_n)=\lim\limits_{n\to\infty}a_n+\lim\limits_{n\to\infty}b_n=\alpha+\beta$

② $\lim\limits_{n\to\infty}(a_n-b_n)=\lim\limits_{n\to\infty}a_n-\lim\limits_{n\to\infty}b_n=\alpha-\beta$

③ $\lim\limits_{n\to\infty}ka_n=k\lim\limits_{n\to\infty}a_n=k\alpha$ (단, k는 상수)

④ $\lim\limits_{n\to\infty}a_nb_n=\lim\limits_{n\to\infty}a_n\lim\limits_{n\to\infty}b_n=\alpha\beta$

⑤ $\lim\limits_{n\to\infty}\dfrac{a_n}{b_n}=\dfrac{\lim\limits_{n\to\infty}a_n}{\lim\limits_{n\to\infty}b_n}=\dfrac{\alpha}{\beta}$ (단, $b_n\neq0$, $\beta\neq0$)

개념 Plus⁺

· 수열의 극한에 대한 기본 성질은 두 수열 $\{a_n\}$, $\{b_n\}$이 모두 수렴할 때만 성립하므로 두 수열 $\{a_n\}$, $\{b_n\}$이 발산할 경우에는 ①~⑤의 각 경우가 수렴하는지 발산하는지 알 수 없다.

개념 Check

1. 두 수열 $\{a_n\}$, $\{b_n\}$에 대하여 $\lim\limits_{n\to\infty} a_n=2$, $\lim\limits_{n\to\infty} b_n=3$일 때, 다음 값을 구하시오.

(1) $\lim\limits_{n\to\infty}(a_n+b_n)$　　　(2) $\lim\limits_{n\to\infty}a_nb_n$　　　(3) $\lim\limits_{n\to\infty}\dfrac{a_n}{b_n}$

유형 ② 수열의 극한에 대한 기본 성질 (1)

두 수열 $\{a_n\}$, $\{b_n\}$에 대하여 $\lim\limits_{n\to\infty} a_n=-1$, $\lim\limits_{n\to\infty} b_n=2$일 때, 다음 값을 구하시오.

(1) $\lim\limits_{n\to\infty}(a_n+3b_n)$　　　(2) $\lim\limits_{n\to\infty}(a_n-1)(b_n+1)$　　　(3) $\lim\limits_{n\to\infty}\dfrac{a_n+2b_n}{a_nb_n-1}$

· 해결 Point ·

수열의 극한에 대한 기본 성질을 이용하여 주어진 식을 변형한 후, $\lim\limits_{n\to\infty} a_n=-1$, $\lim\limits_{n\to\infty} b_n=2$를 대입한다.

02-1 두 수열 $\{a_n\}$, $\{b_n\}$에 대하여 $\lim\limits_{n\to\infty} a_n=3$, $\lim\limits_{n\to\infty} b_n=-1$일 때, 다음 값을 구하시오.

(1) $\lim\limits_{n\to\infty}(2a_n-b_n)$

(2) $\lim\limits_{n\to\infty}\dfrac{2a_n}{3b_n}$

(3) $\lim\limits_{n\to\infty}(2a_n-1)(b_n+4)$

(4) $\lim\limits_{n\to\infty}\dfrac{5b_n+1}{2a_nb_n-a_n}$

유형 ③ 수열의 극한에 대한 기본 성질 (2)

수렴하는 두 수열 $\{a_n\}$, $\{b_n\}$에 대하여 $\lim\limits_{n\to\infty}(2a_n-b_n)=4$, $\lim\limits_{n\to\infty}(a_n+2b_n)=7$일 때, $\lim\limits_{n\to\infty}(3a_n+4b_n)$의 값은?

① 14　　　② 15　　　③ 16　　　④ 17　　　⑤ 18

· 해결 Point ·

수열의 극한에 대한 기본 성질을 이용하여 $\lim\limits_{n\to\infty} a_n$, $\lim\limits_{n\to\infty} b_n$의 값을 구한다.

03-1 수렴하는 두 수열 $\{a_n\}$, $\{b_n\}$에 대하여 $\lim\limits_{n\to\infty}(3a_n+b_n)=7$, $\lim\limits_{n\to\infty}(2a_n-b_n)=3$일 때, $\lim\limits_{n\to\infty}(4a_n+3b_n)$의 값은?

① 11　　　② 12　　　③ 13　　　④ 14　　　⑤ 15

개념 ③ 극한값의 계산

개념 Plus+

• 수열의 극한의 대소 관계
수렴하는 두 수열 $\{a_n\}$, $\{b_n\}$이 모든 자연수 n에 대하여 $a_n < b_n$이고,
$\lim\limits_{n\to\infty} a_n = \alpha$, $\lim\limits_{n\to\infty} b_n = \beta$ (α, β는 실수)이면 $\alpha \le \beta$이다. 즉, 모든 자연수 n에 대하여 $a_n < b_n$ 이지만 $\lim\limits_{n\to\infty} a_n = \lim\limits_{n\to\infty} b_n$인 경우 가 있다.

(1) $\dfrac{\infty}{\infty}$ 꼴의 수열의 극한 · 유형 04

분모의 최고차항으로 분모, 분자를 나누어 식을 변형한 후 극한을 조사한다.
① (분모의 차수) < (분자의 차수)인 경우 : $\lim\limits_{n\to\infty} a_n = \infty$ 또는 $\lim\limits_{n\to\infty} a_n = -\infty$
② (분모의 차수) = (분자의 차수)인 경우 : $\lim\limits_{n\to\infty} a_n = $ (최고차항의 계수의 비)
③ (분모의 차수) > (분자의 차수)인 경우 : $\lim\limits_{n\to\infty} a_n = 0$

(2) $\infty - \infty$ 꼴의 수열의 극한 · 유형 05

① 다항식인 경우 : 최고차항으로 묶어 식을 변형한 후 극한을 조사한다.
예 $\lim\limits_{n\to\infty} (n^2 - 2n) = \lim\limits_{n\to\infty} n^2 \left(1 - \dfrac{2}{n}\right) = \infty \rightarrow \lim\limits_{n\to\infty} n^2 = \infty,\ \lim\limits_{n\to\infty}\left(1 - \dfrac{2}{n}\right) = 1$

② 무리식인 경우 : 분자 또는 분모를 유리화하여 식을 변형한 후 극한을 조사한다.
예 $\lim\limits_{n\to\infty}(\sqrt{n+1} - \sqrt{n}) = \lim\limits_{n\to\infty} \dfrac{(\sqrt{n+1}-\sqrt{n})(\sqrt{n+1}+\sqrt{n})}{\sqrt{n+1}+\sqrt{n}} = \lim\limits_{n\to\infty} \dfrac{1}{\sqrt{n+1}+\sqrt{n}} = 0$

1. 다음 극한을 조사하고, 극한이 존재하면 그 극한값을 구하시오.

(1) $\lim\limits_{n\to\infty} \dfrac{n^2}{3n-2}$

(2) $\lim\limits_{n\to\infty} \dfrac{2n}{n+1}$

(3) $\lim\limits_{n\to\infty} \dfrac{n+1}{n^2}$

유형 ④ $\dfrac{\infty}{\infty}$ 꼴의 수열의 극한

다음 극한값을 구하시오.

(1) $\lim\limits_{n\to\infty} \dfrac{2n^2+n+1}{3n^2-n-1}$

(2) $\lim\limits_{n\to\infty} \dfrac{(n+3)(2n-1)}{(n^2+1)(n+2)}$

(3) $\lim\limits_{n\to\infty} \dfrac{1+2+3+\cdots+n}{n(2n+3)}$

• 해결 Point •

$\dfrac{\infty}{\infty}$ 꼴의 수열의 극한을 구할 때 는 분모, 분자의 다항식을 각각 간 단히 한 후 분모의 최고차항으로 분모, 분자를 나눈다.

04-1 다음 극한값을 구하시오.

(1) $\lim\limits_{n\to\infty} \dfrac{3n^3-2n+1}{5n^3-4n^2+2}$

(2) $\lim\limits_{n\to\infty} \dfrac{(2n-1)(n+1)}{n(n+3)}$

(3) $\lim\limits_{n\to\infty} \dfrac{1^2+2^2+3^2+\cdots+n^2}{2n^3+3n^2}$

유형 ⑤ $\infty - \infty$ 꼴의 수열의 극한

다음 극한을 조사하고, 극한이 존재하면 그 극한값을 구하시오.

(1) $\lim\limits_{n\to\infty} (3 - 3n + n^2)$

(2) $\lim\limits_{n\to\infty} \dfrac{2}{\sqrt{n^2+n}-\sqrt{n^2-3n}}$

(3) $\lim\limits_{n\to\infty} (\sqrt{n^2+2n+5} - n)$

(4) $\lim\limits_{n\to\infty} \dfrac{\sqrt{n+4}-\sqrt{n+1}}{\sqrt{n+1}-\sqrt{n}}$

• 해결 Point •

⑶ 분모를 1로 보고 분자를 유리화 한다.
⑷ 분모, 분자의 무리식을 유리화 한 후 근호 안의 식에서 분모의 최고차항으로 분자, 분모를 나누 어 생각한다.

05-1 다음 극한을 조사하고, 극한이 존재하면 그 극한값을 구하시오.

(1) $\lim\limits_{n\to\infty} (1 - 2n + 4n^3)$

(2) $\lim\limits_{n\to\infty} (\sqrt{n^2+6n} - \sqrt{n^2-n})$

(3) $\lim\limits_{n\to\infty} \dfrac{\sqrt{n+2}-\sqrt{n+5}}{\sqrt{n-1}-\sqrt{n+3}}$

(4) $\lim\limits_{n\to\infty} \dfrac{5}{\sqrt{n^4+2n^2}-\sqrt{n^4-3n^2}}$

개념 ④ 등비수열의 수렴과 발산 

(1) 등비수열의 극한 `유형 06`

등비수열 $\{r^n\}$에 대하여

① $r>1$일 때, $\lim\limits_{n\to\infty} r^n=\infty$ (발산) ⟮예⟯ $\lim\limits_{n\to\infty} 2^n=\infty$

② $r=1$일 때, $\lim\limits_{n\to\infty} r^n=1$ (수렴) ⟮예⟯ $\lim\limits_{n\to\infty} 1^n=1$

③ $|r|<1$일 때, $\lim\limits_{n\to\infty} r^n=0$ (수렴) ⟮예⟯ $\lim\limits_{n\to\infty} \left(\dfrac{2}{3}\right)^n=0$

④ $r\leq-1$일 때, 수열 $\{r^n\}$은 진동(발산) ⟮예⟯ $\lim\limits_{n\to\infty} (-2)^n$은 진동(발산)

(2) 등비수열의 수렴 조건 `유형 07`

① 등비수열 $\{r^n\}$이 수렴하기 위한 조건은 $-1<r\leq1$

② 등비수열 $\{ar^{n-1}\}$이 수렴하기 위한 조건은 $a=0$ 또는 $-1<r\leq1$

개념 Plus

$\{r^n\}$이 포함된 수열의 극한은 r의 값에 따라 수렴, 발산이 결정된다.

개념 Feedback

- 등비수열이란?
  첫째항부터 차례로 일정한 수를 곱하여 얻어지는 수열
- 공비란?
  등비수열에서 곱하는 일정한 수

개념 Check

1. 다음 극한을 조사하고, 극한이 존재하면 그 극한값을 구하시오.

(1) $\lim\limits_{n\to\infty}\left\{\left(-\dfrac{1}{5}\right)^n+3\right\}$

(2) $\lim\limits_{n\to\infty}\dfrac{2^{n+1}}{3^n+1}$

(3) $\lim\limits_{n\to\infty}\dfrac{5^n+1}{5^n+2^n}$

(4) $\lim\limits_{n\to\infty}(3^n+5)$

2. 다음 등비수열이 수렴하도록 하는 x의 값의 범위를 구하시오.

(1) $\{(x^2-x-1)^n\}$

(2) $\{(x-1)(x+2)^{n-1}\}$

유형 ⑥ 등비수열의 극한

$\lim\limits_{n\to\infty}\dfrac{2^{n+1}+5^{n-1}}{5^n+(-2)^n}$의 값은?

① -2 ② $-\dfrac{1}{5}$ ③ $\dfrac{1}{5}$ ④ $\dfrac{1}{2}$ ⑤ 5

06-1 $\lim\limits_{n\to\infty}\dfrac{2^{n+1}+a\times3^{n+1}}{2^n+3^{n-1}}=5$일 때, 상수 a의 값은?

① $\dfrac{1}{9}$ ② $\dfrac{2}{9}$ ③ $\dfrac{1}{3}$ ④ $\dfrac{4}{9}$ ⑤ $\dfrac{5}{9}$

· 해결 Point ·

분모, 분자를 각각 3^{n-1}으로 나누어 주어진 식을 만족시키는 a의 값을 구한다.

유형 ⑦ 등비수열의 수렴 조건

등비수열 $\left\{(x+2)\left(\dfrac{x-3}{4}\right)^{n-1}\right\}$이 수렴하기 위한 모든 정수 x의 값의 합은?

① 19 ② 26 ③ 28 ④ 29 ⑤ 34

07-1 등비수열 $\{(\log_2 x-2)^n\}$이 수렴하도록 하는 모든 정수 x의 값의 합은?

① 25 ② 30 ③ 33 ④ 35 ⑤ 42

· 해결 Point ·

등비수열 $\{ar^{n-1}\}$이 수렴하기 위한 조건은
$a=0$ 또는 $-1<r\leq1$

개념 5　x^n을 포함한 극한으로 표현된 함수 

(1) x^n을 포함한 극한으로 표현된 함수　유형 08

x^n이 포함된 극한으로 표현된 함수 $f(x)$는 x의 값의 범위에 따라 극한값이 달라지므로
$|x|>1$, $|x|<1$, $x=1$, $x=-1$인 경우로 나누어 함수의 식을 조사한다.

(i) $|x|>1$일 때, $\lim\limits_{n\to\infty}|x^n|=\infty$, 즉 $\lim\limits_{n\to\infty}\dfrac{1}{x^n}=0$

(ii) $|x|<1$일 때, $\lim\limits_{n\to\infty}x^n=0$

(iii) $x=1$일 때, $\lim\limits_{n\to\infty}x^n=1$

(iv) $x=-1$일 때, $\lim\limits_{n\to\infty}x^n$의 값은 존재하지 않는다. (진동)

개념 Plus⁺

・ $x=\pm1$일 때,
$$\lim_{n\to\infty}x^{2n}=\lim_{n\to\infty}(\pm1)^{2n}=1$$
이므로 x^{2n}이 포함된 함수 $f(x)$는
$|x|>1$, $|x|<1$, $|x|=1$
의 세 경우로 나누어 함수의 식을
조사한다.

개념 Check

1. 함수 $f(x)=\lim\limits_{n\to\infty}\dfrac{x^{n+1}+6}{x^n+2}$ $(x\neq-1)$에 대하여 다음을 구하시오.

(1) $f(4)$　　　　(2) $f\left(\dfrac{1}{4}\right)$　　　　(3) $f(1)$

유형 08　x^n을 포함한 극한으로 표현된 함수의 연속

함수 $f(x)=\lim\limits_{n\to\infty}\dfrac{x^n+ax}{x^n+3}$가 $x=1$에서 연속일 때, 상수 a의 값을 구하시오.

・해결 Point ・
$|x|>1$, $|x|<1$, $x=1$인 경우로
나누어 조사한다.

08-1　함수 $f(x)=\lim\limits_{n\to\infty}\dfrac{ax^n+4}{x^n+1}$가 $x=1$에서 연속일 때, 상수 a의 값을 구하시오.

08-2　함수 $f(x)=\lim\limits_{n\to\infty}\dfrac{x^{2n+1}+ax}{x^{2n}+1}$가 $x>0$인 모든 실수 x에서 연속이 되도록 하는 상수 a의 값은?

①　-2　　　②　-1　　　③　0　　　④　1　　　⑤　2

08-3　함수 $f(x)=\lim\limits_{n\to\infty}\dfrac{x^{2n+3}+3x+a}{x^{2n}+1}$가 $x=1$에서 연속일 때, $f(-1)$의 값은? (단, a는 상수이다.)

①　-4　　　②　-3　　　③　-2　　　④　-1　　　⑤　0

대표 유형 다지기

정답과 풀이 12쪽

01

$\langle$보기$\rangle$에서 수렴하는 수열인 것만을 있는 대로 고른 것은?

보기

ㄱ. $\left\{\left(-\dfrac{1}{2}\right)^{n-1}\right\}$ ㄴ. $\{n-n^2\}$

ㄷ. $\left\{\dfrac{\sqrt{n}+1}{n}\right\}$ ㄹ. $\{3^n+(-1)^{n-1}\}$

① ㄱ ② ㄱ, ㄷ ③ ㄷ, ㄹ
④ ㄱ, ㄴ, ㄹ ⑤ ㄴ, ㄷ, ㄹ

02

수열 $\{a_n\}$에 대하여
$$a_n=\frac{1}{3}+\sum_{k=1}^{n-1}\frac{1}{k(k+1)}\ (n=2,\ 3,\ 4,\ \cdots)$$
일 때, $\lim\limits_{n\to\infty}a_n$의 값은?

① $\dfrac{5}{3}$ ② $\dfrac{4}{3}$ ③ 1
④ $\dfrac{2}{3}$ ⑤ $\dfrac{1}{3}$

03

두 수열 $\{a_n\}$, $\{b_n\}$에 대하여 $\lim\limits_{n\to\infty}a_n=1$, $\lim\limits_{n\to\infty}b_n=-2$일 때, $\lim\limits_{n\to\infty}\dfrac{3a_n+b_n}{a_nb_n+1}$의 값은?

① -2 ② -1 ③ 0
④ 1 ⑤ 2

04

수렴하는 두 수열 $\{a_n\}$, $\{b_n\}$에 대하여
$$\lim_{n\to\infty}(a_n-b_n)=4,\ \lim_{n\to\infty}a_nb_n=2$$
일 때, $\lim\limits_{n\to\infty}(a_n^2+b_n^2)$의 값은?

① 12 ② 14 ③ 16
④ 18 ⑤ 20

05

$\lim\limits_{n\to\infty}\dfrac{(3n-2)(2n+3)}{4n^2+2n}$의 값은?

① $\dfrac{1}{2}$ ② 1 ③ $\dfrac{3}{2}$
④ 2 ⑤ $\dfrac{5}{2}$

06

$\lim\limits_{n\to\infty}\{\log_2(2n+3)-\log_2\sqrt{2n^2-n}\}$의 값은?

① -2 ② -1 ③ $-\dfrac{1}{2}$
④ $\dfrac{1}{2}$ ⑤ 1

07

$\lim\limits_{n\to\infty}\dfrac{1+3+5+\cdots+(2n-1)}{2n^2}$의 값은?

① $\dfrac{1}{4}$ ② $\dfrac{1}{2}$ ③ 1
④ $\dfrac{3}{2}$ ⑤ 2

08 중요

두 수열 $\{a_n\}$, $\{b_n\}$에 대하여
$$\lim_{n\to\infty}(2n-3)a_n=3,\ \lim_{n\to\infty}(n+2)b_n=-2$$
일 때, $\lim\limits_{n\to\infty}\dfrac{(n+2)a_n}{(2n-3)b_n}$의 값은?

① $-\dfrac{3}{4}$ ② $-\dfrac{5}{8}$ ③ $-\dfrac{1}{2}$
④ $-\dfrac{3}{8}$ ⑤ $-\dfrac{1}{4}$

09

$\displaystyle\lim_{n\to\infty}\dfrac{1}{\sqrt{n^2+4n+1}-n+1}$ 의 값은?

① $\dfrac{1}{3}$ ② $\dfrac{1}{2}$ ③ 2

④ 3 ⑤ 4

10

첫째항이 3, 공차가 2인 등차수열 $\{a_n\}$에 대하여
$\displaystyle\lim_{n\to\infty}\sqrt{n}(\sqrt{a_{n+1}}-\sqrt{a_n})$의 값은?

① $\dfrac{\sqrt{2}}{4}$ ② $\dfrac{1}{2}$ ③ $\dfrac{\sqrt{2}}{2}$

④ 1 ⑤ $\sqrt{2}$

11

수열 $\{a_n\}$이 모든 자연수 n에 대하여
$$2n+5<(7n+3)a_n<2n+6$$
을 만족시킨다. $\displaystyle\lim_{n\to\infty}a_n=\dfrac{q}{p}$일 때, $p+q$의 값을 구하시오.

(단, p와 q는 서로소인 자연수이다.)

12

〈보기〉에서 옳은 것만을 있는 대로 고른 것은?

보기

ㄱ. $\displaystyle\lim_{n\to\infty}\dfrac{1+(-1)^n}{n}=0$

ㄴ. $\displaystyle\lim_{n\to\infty}\dfrac{1}{\sqrt{n}(\sqrt{n+1}-\sqrt{n+3})}=0$

ㄷ. $\displaystyle\lim_{n\to\infty}\dfrac{n^2}{2n+1}\times(-1)^{2n}=0$

① ㄱ ② ㄴ ③ ㄷ

④ ㄱ, ㄷ ⑤ ㄴ, ㄷ

13

첫째항이 2이고 공비가 3인 등비수열 $\{a_n\}$의 첫째항부터
제n항까지의 합을 S_n이라 할 때, $\displaystyle\lim_{n\to\infty}\dfrac{a_n}{S_n}$의 값은?

① 0 ② $\dfrac{1}{3}$ ③ $\dfrac{1}{2}$

④ $\dfrac{2}{3}$ ⑤ 1

14 중요

등비수열 $\left\{(x+3)\left(\dfrac{2x-3}{5}\right)^{n-1}\right\}$이 수렴하도록 하는 정수 x의 개수는?

① 7 ② 6 ③ 5

④ 4 ⑤ 3

15

함수 $f(x)=\displaystyle\lim_{n\to\infty}\dfrac{x^n+ax+3}{x^{n-1}+1}$이 $x=1$에서 연속이 되도록 하는 상수 a의 값은?

① -2 ② -1 ③ 0

④ 1 ⑤ 2

16

함수 $f(x)=\displaystyle\lim_{n\to\infty}\dfrac{x^{2n}+ax+b}{x^{2n}+2}$가 실수 전체의 집합에서 연속이 되도록 하는 상수 a, b에 대하여 a^2+b^2의 값을 구하시오.

02 | 급수

개념 ① 급수의 수렴과 발산

(1) 급수의 합 　유형 01, 02

급수 $\displaystyle\sum_{n=1}^{\infty} a_n$의 부분합으로 이루어진 수열 $\{S_n\}$이 일정한 값 S에 수렴할 때, 즉

$$\lim_{n\to\infty} S_n = \lim_{n\to\infty}\sum_{k=1}^{n} a_k = S$$

일 때 급수 $\displaystyle\sum_{n=1}^{\infty} a_n$은 S에 수렴한다고 한다. 이때, S를 이 급수의 합이라 하고, $\displaystyle\sum_{n=1}^{\infty} a_n = S$로 나타낸다.

또한 이 부분합의 수열 $\{S_n\}$이 발산할 때, 급수 $\displaystyle\sum_{n=1}^{\infty} a_n$은 발산한다고 한다.

> **개념 Plus**
> - 급수 : 수열 $\{a_n\}$의 각 항을 덧셈 기호 $+$로 연결한 식
> $$a_1+a_2+a_3+\cdots+a_n+\cdots$$
> $$=\sum_{n=1}^{\infty} a_n$$
> - 부분합 : 급수 $\displaystyle\sum_{n=1}^{\infty} a_n$에서 첫째항부터 제$n$항까지의 합
> $$S_n = a_1+a_2+a_3+\cdots+a_n$$

개념 Check

1. 다음 급수의 수렴, 발산을 조사하고, 수렴하면 그 합을 구하시오.
   (1) $1+3+5+7+\cdots$
   (2) $3-3+3-3+\cdots$
   (3) $1-\dfrac{1}{2}+\dfrac{1}{2}-\dfrac{1}{3}+\dfrac{1}{3}-\dfrac{1}{4}+\cdots$

유형 01 부분분수를 이용한 급수의 합

급수

$$\frac{1}{2^2-1}+\frac{1}{4^2-1}+\frac{1}{6^2-1}+\cdots+\frac{1}{(2n)^2-1}+\cdots$$

의 합을 구하시오.

> **해결 Point**
> $$\frac{1}{(2n)^2-1}$$
> $$=\frac{1}{(2n-1)(2n+1)}$$
> $$=\frac{1}{2}\left(\frac{1}{2n-1}-\frac{1}{2n+1}\right)$$
> 임을 이용한다.

01-1 급수 $\dfrac{1}{1\times4}+\dfrac{1}{4\times7}+\dfrac{1}{7\times10}+\cdots$의 합을 $\dfrac{q}{p}$라 할 때, $p+q$의 값을 구하시오.

（단, p와 q는 서로소인 자연수이다.）

유형 02 부분합을 이용한 급수의 합

수열 $\{a_n\}$의 첫째항부터 제n항까지의 합 S_n이 $S_n=\dfrac{2n^2+n-1}{n^2+1}$일 때, $\displaystyle\sum_{n=1}^{\infty} a_n$의 값을 구하시오.

> **해결 Point**
> 부분합 S_n이 주어졌으므로 $\displaystyle\lim_{n\to\infty} S_n$을 구한다.

02-1 수열 $\{a_n\}$의 첫째항부터 제n항까지의 합 S_n이 $S_n=\dfrac{n(2n+1)(3n-1)}{2n^3-n+4}$일 때, $\displaystyle\sum_{n=1}^{\infty} a_n$의 값을 구하시오.

개념 ② 급수와 수열의 극한 사이의 관계 (중요)

(1) **급수와 수열의 극한 사이의 관계** [유형 03]

① 급수 $\sum\limits_{n=1}^{\infty} a_n$이 수렴하면 $\lim\limits_{n\to\infty} a_n = 0$이다.

② $\lim\limits_{n\to\infty} a_n \neq 0$이면 급수 $\sum\limits_{n=1}^{\infty} a_n$은 발산한다.

(2) **급수의 성질** [유형 04]

두 급수 $\sum\limits_{n=1}^{\infty} a_n$, $\sum\limits_{n=1}^{\infty} b_n$이 모두 수렴하고, $\sum\limits_{n=1}^{\infty} a_n = S$, $\sum\limits_{n=1}^{\infty} b_n = T$라 하면 다음이 성립한다.

① $\sum\limits_{n=1}^{\infty} (a_n + b_n) = \sum\limits_{n=1}^{\infty} a_n + \sum\limits_{n=1}^{\infty} b_n = S + T$

② $\sum\limits_{n=1}^{\infty} (a_n - b_n) = \sum\limits_{n=1}^{\infty} a_n - \sum\limits_{n=1}^{\infty} b_n = S - T$

③ $\sum\limits_{n=1}^{\infty} ca_n = c \sum\limits_{n=1}^{\infty} a_n = cS$ (단, c는 상수)

개념 Plus

• (1)–①의 역은 성립하지 않는다. 즉, $\lim\limits_{n\to\infty} a_n = 0$이라고 해서 급수 $\sum\limits_{n=1}^{\infty} a_n$이 수렴하는 것은 아니다.

• $\sum\limits_{n=1}^{\infty} a_n b_n \neq \sum\limits_{n=1}^{\infty} a_n \sum\limits_{n=1}^{\infty} b_n$이고 $\sum\limits_{n=1}^{\infty} \dfrac{a_n}{b_n} \neq \dfrac{\sum\limits_{n=1}^{\infty} a_n}{\sum\limits_{n=1}^{\infty} b_n}$임에 주의한다.

개념 Check

1. 다음 급수가 발산함을 보이시오.

(1) $2 + 4 + 6 + 8 + \cdots$

(2) $\dfrac{1}{2} + \dfrac{2}{3} + \dfrac{3}{4} + \dfrac{4}{5} + \cdots$

(3) $\sum\limits_{n=1}^{\infty} (\sqrt{n^2 + n} - n)$

2. 두 수열 $\{a_n\}$, $\{b_n\}$에 대하여 $\sum\limits_{n=1}^{\infty} a_n = 2$, $\sum\limits_{n=1}^{\infty} b_n = 3$일 때, 다음 값을 구하시오.

(1) $\sum\limits_{n=1}^{\infty} (a_n + b_n)$

(2) $\sum\limits_{n=1}^{\infty} (2a_n - b_n)$

해결 Point

$\lim\limits_{n\to\infty} a_n \neq 0$이면 급수 $\sum\limits_{n=1}^{\infty} a_n$은 발산함을 이용한다.

유형 03 급수와 수열의 극한 사이의 관계

모든 항이 양수인 수열 $\{a_n\}$에 대하여 $\sum\limits_{n=1}^{\infty} (a_n - 2n)$이 수렴할 때, $\lim\limits_{n\to\infty} \dfrac{a_n + 4n - 1}{3a_n - 2}$의 값을 구하시오.

해결 Point

$\sum\limits_{n=1}^{\infty} (a_n - 2n)$이 수렴하므로 $\lim\limits_{n\to\infty} (a_n - 2n) = 0$이다.

03-1 수열 $\{a_n\}$에 대하여 $\sum\limits_{n=1}^{\infty} a_n = 12$일 때, $\lim\limits_{n\to\infty} \dfrac{2a_n + n^2 - n - 3}{6a_n + 4n^2 - n + 2}$의 값을 구하시오.

유형 04 급수의 성질

두 수열 $\{a_n\}$, $\{b_n\}$에 대하여 $\sum\limits_{n=1}^{\infty} a_n = 5$, $\sum\limits_{n=1}^{\infty} b_n = 4$일 때, $\sum\limits_{n=1}^{\infty} (3b_n - 2a_n)$의 값을 구하시오.

해결 Point

$\sum\limits_{n=1}^{\infty} a_n$, $\sum\limits_{n=1}^{\infty} b_n$이 모두 수렴하면 $\sum\limits_{n=1}^{\infty} (pa_n - qb_n) = p \sum\limits_{n=1}^{\infty} a_n - q \sum\limits_{n=1}^{\infty} b_n$ (p, q는 상수)임을 이용한다.

04-1 수렴하는 두 급수 $\sum\limits_{n=1}^{\infty} a_n$, $\sum\limits_{n=1}^{\infty} b_n$에 대하여 $\sum\limits_{n=1}^{\infty} a_n = 4$이고, $\sum\limits_{n=1}^{\infty} (2a_n + b_n) = 10$일 때, $\sum\limits_{n=1}^{\infty} b_n$의 값을 구하시오.

개념 ③ 등비급수의 수렴과 발산 

(1) 등비급수

첫째항이 $a\,(a\neq0)$이고 공비가 r인 등비수열 $\{ar^{n-1}\}$에 대하여 급수

$$\sum_{n=1}^{\infty}ar^{n-1}=a+ar+ar^2+\cdots+ar^{n-1}+\cdots$$

을 첫째항이 a이고 공비가 r인 등비급수라 한다.

(2) 등비급수의 수렴과 발산 유형 05

등비급수 $\displaystyle\sum_{n=1}^{\infty}ar^{n-1}\,(a\neq0)$은

① $|r|<1$일 때, 수렴하고 그 합은 $\dfrac{a}{1-r}$이다.

② $|r|\geq1$일 때, 발산한다.

(3) 등비급수의 수렴 조건 유형 06

등비급수 $\displaystyle\sum_{n=1}^{\infty}ar^{n-1}$의 수렴 조건은 $a=0$ 또는 $-1<r<1$

개념 Plus

등비수열 $\{ar^{n-1}\}$의 첫째항부터 제n항까지의 부분합 S_n은

$S_n=\dfrac{a(1-r^n)}{1-r}$이므로

$\displaystyle\sum_{n=1}^{\infty}ar^{n-1}=\lim_{n\to\infty}\dfrac{a(1-r^n)}{1-r}$

이때, $-1<r<1$이면

$\displaystyle\lim_{n\to\infty}r^n=0$이므로

$\displaystyle\sum_{n=1}^{\infty}ar^{n-1}=\dfrac{a}{1-r}$

개념 Check

1. 다음 등비급수의 수렴, 발산을 조사하고, 수렴하면 그 합을 구하시오.

(1) $1+\dfrac{1}{2}+\left(\dfrac{1}{2}\right)^2+\cdots+\left(\dfrac{1}{2}\right)^{n-1}+\cdots$

(2) $1-\sqrt{2}+2-2\sqrt{2}+\cdots$

유형 ⑤ 등비급수의 합

공비가 양수인 등비수열 $\{a_n\}$에 대하여 $a_2=12$, $a_4=3$일 때, $\displaystyle\sum_{n=3}^{\infty}a_n$의 값을 구하시오.

해결 Point

등비급수 $\displaystyle\sum_{n=1}^{\infty}ar^{n-1}\,(a\neq0)$이 수렴

하면 그 합은 $\dfrac{a}{1-r}$임을 이용한다.

특히, 문제의 등비급수의 첫째항은 a_3임에 주의한다.

05-1 등비수열 $\{a_n\}$의 일반항이 $a_n=\left(\dfrac{2}{3}\right)^n$일 때, $3\displaystyle\sum_{n=2}^{\infty}a_n$의 값은?

① $\dfrac{4}{9}$ ② $\dfrac{4}{3}$ ③ 2 ④ 4 ⑤ 12

유형 ⑥ 등비급수의 수렴 조건

등비급수 $\displaystyle\sum_{n=1}^{\infty}(x-1)(3-x)^{n-1}$이 수렴하도록 하는 정수 x의 개수는?

① 1 ② 2 ③ 3 ④ 4 ⑤ 5

해결 Point

등비급수 $\displaystyle\sum_{n=1}^{\infty}ar^{n-1}$이 수렴하기 위한 조건

➡ $a=0$ 또는 $-1<r<1$

06-1 등비급수

$$(1-x)+(1-x)(x^2-x+1)+(1-x)(x^2-x+1)^2+\cdots$$

이 수렴할 때, 다음 중 실수 x의 값으로 적당하지 <u>않은</u> 것은?

① $\dfrac{1}{4}$ ② $\dfrac{1}{3}$ ③ $\dfrac{1}{2}$ ④ 1 ⑤ $\dfrac{3}{2}$

개념 ④ 등비급수의 활용

(1) 순환소수를 분수로 나타내기 · 유형 07

순환소수를 등비급수로 나타낸 후 첫째항과 공비를 구하여 그 합을 구한다.

(2) 등비급수의 도형에의 활용 · 유형 08

닮은꼴의 모양이 한없이 반복되는 도형에서 길이의 합 또는 넓이의 합은 다음과 같은 순서로 구한다.

❶ 첫 번째 도형의 길이 또는 넓이를 구한다. ➡ 첫째항

❷ 길이가 줄어드는 비율 또는 도형의 닮음비를 구한다. ➡ 공비

❸ 등비급수를 이용하여 합을 구한다.

개념 Plus ➕

- 서로 닮음인 두 평면도형의 닮음비가 $m:n$일 때, 넓이의 비는 $m^2:n^2$이다.
- 서로 닮음인 두 입체도형의 닮음비가 $m:n$일 때, 부피의 비는 $m^3:n^3$이다.

유형 07 순환소수를 분수로 나타내기

등비급수의 합을 이용하여 순환소수 $0.\dot{3}\dot{6}$을 분수로 나타내시오.

해결 Point

$0.\dot{3}\dot{6}$
$= \dfrac{36}{100} + \dfrac{36}{10000} + \dfrac{36}{1000000} + \cdots$
으로 나타낸다.

07-1 등비급수의 합을 이용하여 순환소수 $1.0\dot{2}\dot{5}$를 분수로 나타내시오.

유형 08 등비급수의 도형에의 활용

오른쪽 그림과 같이 한 변의 길이가 2인 정사각형 $A_1B_1CD_1$에서 삼각형 $A_1B_1D_1$을 색칠한다. 변 B_1D_1의 중점을 A_2라 하고, 선분 A_2C를 대각선으로 하는 정사각형 $A_2B_2CD_2$를 그린 후 삼각형 $A_2B_2D_2$를 색칠한다. 이와 같은 과정을 한없이 반복할 때, 색칠한 모든 삼각형의 넓이의 합은?

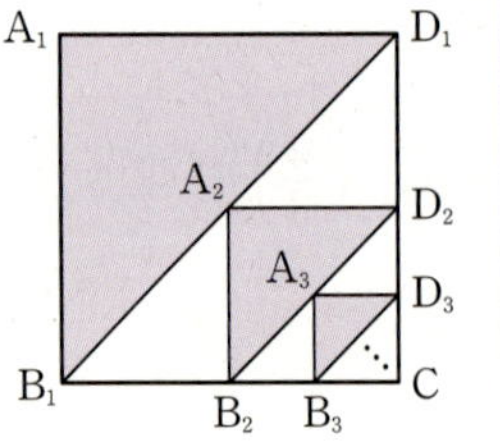

① $\dfrac{2}{3}$ ② $\dfrac{4}{3}$ ③ 2

④ $\dfrac{8}{3}$ ⑤ $\dfrac{10}{3}$

08-1 오른쪽 그림과 같이 $\overline{AB}=8$, $\overline{AC}=4$인 직각삼각형 ABC의 내부에 한 변이 변 AB 위에 있고 한 꼭짓점이 빗변 CB 위에 있는 정사각형 D_1, D_2, D_3, D_4, $\cdots$을 한없이 만들 때, 모든 정사각형들의 넓이의 합은?

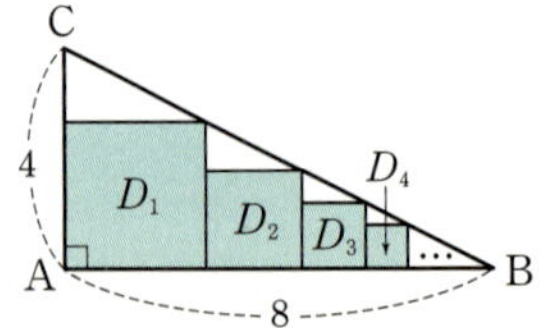

① 10 ② 11 ③ 12

④ $\dfrac{64}{5}$ ⑤ $\dfrac{68}{5}$

Ⅱ

미분법

01 지수함수와 로그함수의 미분

개념 ① 지수함수와 로그함수의 극한 

(1) 지수함수의 극한 [유형 01]

지수함수 $y=a^x$ $(a>0,\ a\neq1)$에서

① 임의의 실수 c에 대하여 $\lim\limits_{x\to c}a^x=a^c$

② $a>1$일 때, $\lim\limits_{x\to\infty}a^x=\infty$, $\lim\limits_{x\to-\infty}a^x=0$

③ $0<a<1$일 때, $\lim\limits_{x\to\infty}a^x=0$, $\lim\limits_{x\to-\infty}a^x=\infty$

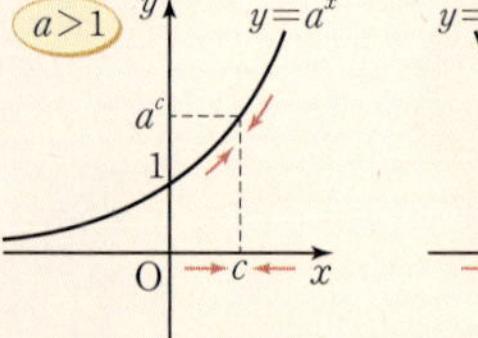
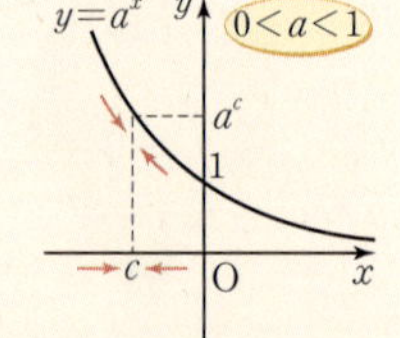

(2) 로그함수의 극한 [유형 02]

로그함수 $y=\log_a x$ $(a>0,\ a\neq1)$에서

① 임의의 양의 실수 c에 대하여 $\lim\limits_{x\to c}\log_a x=\log_a c$

② $a>1$일 때, $\lim\limits_{x\to\infty}\log_a x=\infty$, $\lim\limits_{x\to0+}\log_a x=-\infty$

③ $0<a<1$일 때, $\lim\limits_{x\to\infty}\log_a x=-\infty$, $\lim\limits_{x\to0+}\log_a x=\infty$

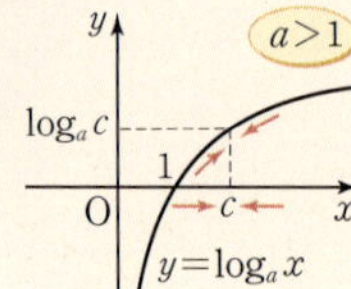
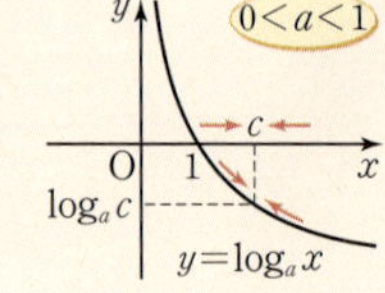

개념 Plus

- 지수함수의 극한

  ① $\dfrac{\infty}{\infty}$ 꼴

  분모에서 밑이 가장 큰 항으로 분자, 분모를 각각 나눈다.

  ② $\infty-\infty$ 꼴

  밑이 가장 큰 항으로 묶는다.

- 로그함수 $y=\log_a x\,(a>0,\ a\neq1)$ 의 정의역은 $\{x\,|\,x>0\}$이므로 $x\to0-$일 때의 극한은 생각할 수 없다.

1. 다음 극한을 조사하시오.

(1) $\lim\limits_{x\to\infty}2^x$ (2) $\lim\limits_{x\to\infty}\left(\dfrac{1}{2}\right)^x$ (3) $\lim\limits_{x\to\infty}\log_2 x$ (4) $\lim\limits_{x\to0+}\log_{\frac{1}{2}} x$

유형 01 지수함수의 극한

$\lim\limits_{x\to\infty}\dfrac{3^x}{1-3^x}$의 값은?

① -3 ② -1 ③ 0 ④ 1 ⑤ 3

01-1 $\lim\limits_{x\to\infty}\dfrac{4^{x+1}-3^x}{4^x+3^x}$의 값은?

① 1 ② 2 ③ 3 ④ 4 ⑤ 5

유형 02 로그함수의 극한

$\lim\limits_{x\to\infty}\{\log_2(2x+1)-\log_2 x\}$의 값은?

① -2 ② -1 ③ 0 ④ 1 ⑤ 2

해결 Point

$\log_2(2x+1)-\log_2 x$
$=\log_2\dfrac{2x+1}{x}$

02-1 $\lim\limits_{x\to\infty}(\log_2\sqrt{4x^2+x}-\log_2 x)$의 값은?

① 1 ② 2 ③ 3 ④ 4 ⑤ 5

개념 ② 무리수 e와 자연로그

(1) 무리수 e의 정의

① $\displaystyle\lim_{x\to0}(1+x)^{\frac{1}{x}}=e$ ② $\displaystyle\lim_{x\to\infty}\left(1+\frac{1}{x}\right)^{x}=e$

(2) 자연로그

무리수 e를 밑으로 하는 로그 $\log_e x$를 자연로그라 하고, 간단히 $\ln x$로 나타낸다.

(3) 무리수 e의 정의를 이용한 지수함수와 로그함수의 극한 유형 03

$a>0$, $a\neq1$일 때

① $\displaystyle\lim_{x\to0}\frac{\ln(1+x)}{x}=1$, $\displaystyle\lim_{x\to0}\frac{\log_a(1+x)}{x}=\frac{1}{\ln a}$

② $\displaystyle\lim_{x\to0}\frac{e^x-1}{x}=1$, $\displaystyle\lim_{x\to0}\frac{a^x-1}{x}=\ln a$

개념 Plus

- $e=2.718281\cdots$임이 알려져 있다.

- 무리수 e를 밑으로 하는 지수함수를 $y=e^x$으로 나타낸다.

- 0이 아닌 상수 a에 대하여 다음이 성립한다.
  ① $\displaystyle\lim_{x\to0}(1+ax)^{\frac{1}{ax}}=e$
  ② $\displaystyle\lim_{x\to\infty}\left(1+\frac{1}{ax}\right)^{ax}=e$
  ③ $\displaystyle\lim_{x\to0}\frac{\ln(1+ax)}{ax}=1$
  ④ $\displaystyle\lim_{x\to0}\frac{e^{ax}-1}{ax}=1$

유형 03 무리수 e의 정의를 이용한 지수함수와 로그함수의 극한

다음 극한값을 구하시오.

(1) $\displaystyle\lim_{x\to0}(1+x)^{\frac{2}{x}}$ (2) $\displaystyle\lim_{x\to\infty}\left(1+\frac{3}{x^2}\right)^{x^2}$ (3) $\displaystyle\lim_{x\to\infty}\left(\frac{x+2}{x}\right)^{x}$

03-1 $\displaystyle\lim_{x\to1}\ln x^{-\frac{1}{x-1}}$의 값은?

① $-e$ ② -1 ③ 1 ④ e ⑤ 4

03-2 다음 극한값을 구하시오.

(1) $\displaystyle\lim_{x\to0}\frac{\ln(1+6x)}{x}$ (2) $\displaystyle\lim_{x\to0}\frac{e^{5x}-1}{2x}$

03-3 $\displaystyle\lim_{x\to1}\frac{x^3-e^{x-1}}{x-1}$의 값은?

① 1 ② 2 ③ 3 ④ 4 ⑤ 5

• 해결 Point •

$x-1=t$로 놓는다.

개념 ③ 지수함수와 로그함수의 미분

(1) 지수함수의 도함수 유형 04

① $y=e^x$이면 $y'=e^x$

② $y=a^x$이면 $y'=a^x \ln a$ (단, $a>0$, $a\neq1$)

(2) 로그함수의 도함수 유형 05

① $y=\ln x$이면 $y'=\dfrac{1}{x}$

② $y=\log_a x$이면 $y'=\dfrac{1}{x \ln a}$ (단, $a>0$, $a\neq1$)

개념 Plus

• 미분가능한 함수 $f(x)$의 도함수는

$$f'(x)=\lim_{h\to0}\frac{f(x+h)-f(x)}{h}$$

1. 다음 함수를 미분하시오.

(1) $y=3e^x$　　　　(2) $y=5^x$　　　　(3) $y=\ln 3x$　　　　(4) $y=\log_3 2x$

유형 04 지수함수의 도함수

함수 $f(x)=xe^x$에 대하여 $\displaystyle\lim_{h\to0}\frac{f(1+h)-f(1)}{h}$의 값은?

① 2　　　　② e　　　　③ $2e$　　　　④ e^2　　　　⑤ $2e^2$

해결 Point

$\{f(x)g(x)\}'$
$=f'(x)g(x)+f(x)g'(x)$

04-1 함수 $f(x)=(2x+1)3^x$의 $x=-1$에서의 미분계수는?

① $\dfrac{2-\ln 3}{3}$　　　　② $\dfrac{\ln 3}{3}$　　　　③ $\dfrac{2}{3}$

④ $\dfrac{2\ln 3}{3}$　　　　⑤ $\dfrac{2+\ln 3}{3}$

유형 05 로그함수의 도함수

함수 $f(x)=x\ln x$에 대하여 $f'(e)$의 값을 구하시오.

05-1 함수 $f(x)=\log_3 x+3\ln x$에 대하여 $f'(3)$의 값은?

① $\dfrac{1}{\ln 3}-3$　　　　② $\dfrac{1}{\ln 3}-1$　　　　③ $\dfrac{1}{3\ln 3}+1$

④ $\dfrac{1}{\ln 3}+1$　　　　⑤ $\dfrac{1}{\ln 3}+3$

대표 유형 다지기

정답과 풀이 22쪽

01

$\displaystyle\lim_{x\to\infty}\frac{4^x+5^{x+1}}{5^x-4^{x+1}}$의 값은?

① 1   ② 2   ③ 3

④ 4   ⑤ 5

02

$\displaystyle\lim_{x\to\infty}\{\log_5(1+25x)-\log_5 x\}$의 값은?

① 1   ② 2   ③ 3

④ 4   ⑤ 5

03

$\displaystyle\lim_{x\to\infty}x\{\ln(2x-1)-\ln(2x+1)\}$의 값은?

① -1 ② $-\dfrac{2}{3}$ ③ $-\dfrac{1}{2}$

④ $\dfrac{1}{2}$ ⑤ $\dfrac{2}{3}$

04

$\displaystyle\lim_{x\to 0}\frac{e^{4x}-e^{2x}}{x}$의 값은?

① 1   ② 2   ③ 3

④ 4   ⑤ 5

05

$\displaystyle\lim_{x\to 0}\frac{\ln(1-3x)}{\ln(1+x)}$의 값은?

① -3 ② $\dfrac{1}{e^3}$ ③ $\sqrt[3]{e}$

④ 3   ⑤ e^3

06

$\displaystyle\lim_{x\to 0}\frac{x^2+2x}{e^{2x}-1}$의 값을 구하시오.

07

$\displaystyle\lim_{x\to 0}\frac{\ln(1+x)+\ln(1-x)}{x^2}$의 값은?

① -2 ② -1 ③ 0

④ 1   ⑤ 2

08 중요

$\displaystyle\lim_{x\to 0}\frac{e^x+e^{2x}+e^{3x}+\cdots+e^{nx}-n}{x}=45$를 만족시키는 자연수 n의 값은?

① 5   ② 6   ③ 7

④ 8   ⑤ 9

09

$\displaystyle\lim_{x \to 1} \frac{ax+b}{\ln x}=5$를 만족시키는 상수 a, b에 대하여 $a-b$의 값은?

① -10 ② -5 ③ 0

④ 5 ⑤ 10

10

함수 $f(x)=(x^2+2)\ln x$에 대하여 $f'(1)$의 값을 구하시오.

11

함수 $f(x)=(x+a)e^x$에 대하여 $f'(0)=2$일 때, $f'(1)$의 값은? (단, a는 상수이다.)

① $-e$ ② $-\dfrac{2}{e}$ ③ e

④ $3e$ ⑤ e^2

12

함수 $f(x)=(x+k)\log_2 x$에 대하여 곡선 $y=f(x)$ 위의 점 $(4, f(4))$에서의 접선의 기울기가 2일 때, 상수 k의 값은?

① -5 ② -4 ③ -3

④ -2 ⑤ -1

13

미분가능한 함수 $f(x)$에 대하여 $f'(1)=5$일 때, $\displaystyle\lim_{x \to 0} \frac{f(3^x)-f(1)}{x}$의 값은?

① $\dfrac{5}{3\ln 3}$ ② $\dfrac{5}{3}$ ③ $\dfrac{5}{\ln 3}$

④ 5 ⑤ $5\ln 3$

14

함수 $f(x)=e^x+\ln x-ax$에 대하여 $\displaystyle\lim_{x \to 1} \frac{f(x)}{x-1}=b$일 때, 상수 a, b에 대하여 ab의 값은?

① 1 ② $\dfrac{e}{2}$ ③ e

④ $2e$ ⑤ $4e$

15 〔중요〕

함수 $f(x)=\begin{cases} e^x & (x \geq 0) \\ x^2+ax+b & (x<0) \end{cases}$ 이 $x=0$에서 미분가능할 때, 상수 a, b에 대하여 $a+b$의 값은?

① 1 ② 2 ③ e

④ 4 ⑤ e^2

16

함수 $f(x)=e^x\ln x$에 대하여 $\displaystyle\lim_{h \to 0} \frac{f(1+h)-f(1-h)}{h}$의 값은?

① $\sqrt{2}$ ② 2 ③ e

④ $2e$ ⑤ e^2

02 | 삼각함수의 미분

개념 ❶ 삼각함수의 덧셈정리

(1) 삼각함수 $\csc\theta$, $\sec\theta$, $\cot\theta$

동경 OP가 나타내는 일반각의 크기 θ에 대하여

① 코시컨트함수 : $\csc\theta=\dfrac{1}{\sin\theta}=\dfrac{r}{y}\ (y\neq0)$

② 시컨트함수 : $\sec\theta=\dfrac{1}{\cos\theta}=\dfrac{r}{x}\ (x\neq0)$

③ 코탄젠트함수 : $\cot\theta=\dfrac{1}{\tan\theta}=\dfrac{x}{y}\ (y\neq0)$

$x=0$일 때는 $\tan\theta$와 $\sec\theta$가 정의되지 않고, $y=0$일 때는 $\csc\theta$와 $\cot\theta$가 정의되지 않는다.

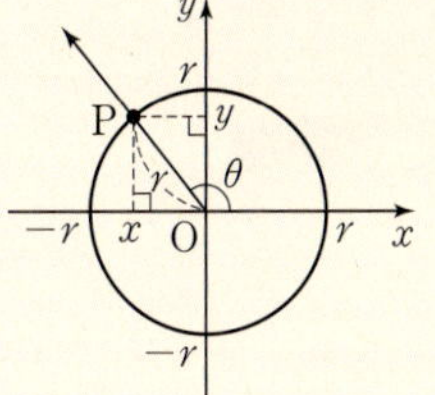

(2) 삼각함수의 덧셈정리　유형 01

① $\sin(\alpha+\beta)=\sin\alpha\cos\beta+\cos\alpha\sin\beta$,　$\sin(\alpha-\beta)=\sin\alpha\cos\beta-\cos\alpha\sin\beta$

② $\cos(\alpha+\beta)=\cos\alpha\cos\beta-\sin\alpha\sin\beta$,　$\cos(\alpha-\beta)=\cos\alpha\cos\beta+\sin\alpha\sin\beta$

③ $\tan(\alpha+\beta)=\dfrac{\tan\alpha+\tan\beta}{1-\tan\alpha\tan\beta}$,　$\tan(\alpha-\beta)=\dfrac{\tan\alpha-\tan\beta}{1+\tan\alpha\tan\beta}$

개념 Plus

• $\sin^2\theta+\cos^2\theta=1$의 양변을
　① $\cos^2\theta$로 나누어 정리하면
　　$\tan^2\theta+1=\sec^2\theta$
　② $\sin^2\theta$로 나누어 정리하면
　　$1+\cot^2\theta=\csc^2\theta$

• 삼각함수의 덧셈정리를 이용하면 $15°$, $75°$, $105°$와 같이 특수각의 합 또는 차로 나타낼 수 있는 각에 대한 삼각함수의 값을 구할 수 있다.

개념 Check

1. 다음 삼각함수의 값을 구하시오.

(1) $\csc30°$　　　　(2) $\sec\dfrac{5}{6}\pi$　　　　(3) $\cot\left(-\dfrac{3}{4}\pi\right)$

2. 다음 삼각함수의 값을 구하시오.

(1) $\sin105°$　　　　(2) $\cos75°$　　　　(3) $\tan15°$

유형 ⓿1 삼각함수의 덧셈정리

$\sin125°\cos65°-\cos125°\sin65°$의 값은?

① $-\dfrac{\sqrt{3}}{2}$　　② 0　　③ $\dfrac{1}{2}$　　④ $\dfrac{\sqrt{3}}{2}$　　⑤ 1

01-1　$\sin\dfrac{5}{8}\pi\cos\dfrac{3}{8}\pi+\cos\dfrac{5}{8}\pi\sin\dfrac{3}{8}\pi$의 값은?

① -1　　② $-\dfrac{1}{2}$　　③ 0　　④ $\dfrac{1}{2}$　　⑤ 1

01-2　$\tan\theta=2$일 때, $\tan(\theta+45°)$의 값은? (단, $45°<\theta<90°$)

① -3　　② -2　　③ -1　　④ $-\dfrac{1}{2}$　　⑤ $-\dfrac{1}{3}$

01-3　$\cos\left(\dfrac{\pi}{6}+\theta\right)+\cos\left(\dfrac{\pi}{6}-\theta\right)$를 간단히 하면?

① $\sqrt{3}\sin\theta$　　② $\sqrt{3}\cos\theta$　　③ $2\sin\theta$　　④ $2\cos\theta$　　⑤ $\sin\theta+\cos\theta$

해결 Point

삼각함수의 덧셈정리를 이용하여 전개한 후 간단히 한다.

개념 ② 삼각함수의 극한 〔중요〕

(1) 삼각함수의 극한 〔유형 02〕

① $\lim\limits_{x \to a} \sin x = \sin a$ ② $\lim\limits_{x \to a} \cos x = \cos a$

③ $\lim\limits_{x \to a} \tan x = \tan a \left(\text{단, } a \neq n\pi + \dfrac{\pi}{2},\ n\text{은 정수}\right)$

(2) 함수 $\dfrac{\sin x}{x}$, $\dfrac{\tan x}{x}$의 극한 〔유형 02, 03〕

x의 단위가 라디안일 때

① $\lim\limits_{x \to 0} \dfrac{\sin x}{x} = 1$ ← $\lim\limits_{\square \to 0} \dfrac{\sin \square}{\square}$로 외우기! ② $\lim\limits_{x \to 0} \dfrac{\tan x}{x} = 1$ ← $\lim\limits_{\triangle \to 0} \dfrac{\tan \triangle}{\triangle}$로 외우기!

개념 Plus ➕

• 0이 아닌 상수 a, b에 대하여 다음이 성립한다.

① $\lim\limits_{x \to 0} \dfrac{\sin bx}{ax} = \dfrac{b}{a}$

② $\lim\limits_{x \to 0} \dfrac{\tan bx}{ax} = \dfrac{b}{a}$

개념 Check

1. 다음 극한값을 구하시오.

(1) $\lim\limits_{x \to \frac{\pi}{4}} \sin x$ (2) $\lim\limits_{x \to \frac{\pi}{6}} \cos x$ (3) $\lim\limits_{x \to \frac{\pi}{4}} \tan x$

2. 다음 극한값을 구하시오.

(1) $\lim\limits_{x \to 0} \dfrac{\sin 2x}{3x}$ (2) $\lim\limits_{x \to 0} \dfrac{\tan 2x}{6x}$

유형 02 삼각함수의 극한

다음 극한값을 구하시오.

(1) $\lim\limits_{x \to 0} \dfrac{1 - \cos x}{\sin^2 x}$ (2) $\lim\limits_{x \to 0} \dfrac{\sin 2x}{\tan 3x}$

해결 Point

$\lim\limits_{\square \to 0} \dfrac{\sin \square}{\square} = 1$, $\lim\limits_{\triangle \to 0} \dfrac{\tan \triangle}{\triangle} = 1$ 을 이용할 수 있도록 식을 변형한다.

02-1 $\lim\limits_{x \to 0} \dfrac{\sin(\sin x)}{x}$의 값을 구하시오.

유형 03 치환을 이용한 삼각함수의 극한

$\lim\limits_{x \to \pi} \dfrac{\sin 2x}{x - \pi}$의 값을 구하시오.

해결 Point

$x - \pi = t$로 치환하여 식을 변형한다.

03-1 $\lim\limits_{x \to \frac{\pi}{2}} (\pi - 2x)\tan x$의 값을 구하시오.

개념 ③ 삼각함수의 미분 

(1) 삼각함수의 미분 유형 04, 05

① 함수 $y=\sin x$의 도함수

$$y'=\cos x$$

② 함수 $y=\cos x$의 도함수

$$y'=-\sin x$$

개념 Plus 

- 함수 $y=\sin x$, $y=\cos x$는 모든 실수에서 미분가능하다.

개념 Check

1. 다음 함수를 미분하시오.

(1) $y=e^x+\sin x$
(2) $y=x\cos x$

유형 **04** 삼각함수의 미분

함수 $f(x)=\sin x+2\cos x-1$의 $x=\dfrac{\pi}{4}$에서의 미분계수를 구하시오.

04-1 함수 $f(x)=x^2\sin x$에 대하여 $f'\!\left(\dfrac{\pi}{2}\right)$의 값은?

① -2π ② $-\pi$ ③ 0 ④ π ⑤ 2π

유형 **05** 미분계수의 정의를 이용한 극한값의 계산

함수 $f(x)=x(2-\cos x)$에 대하여 $\displaystyle\lim_{h\to0}\dfrac{f(\pi+3h)-f(\pi)}{h}$의 값을 구하시오.

해결 Point

미분계수의 정의를 이용할 수 있도록 주어진 식을 변형한다.

05-1 함수 $f(x)=\sin x\cos x$에 대하여 $\displaystyle\lim_{x\to0}\dfrac{f(x)}{x}$의 값은?

① 1 ② 3 ③ 5 ④ π ⑤ 2π

해결 Point

$f(0)=0$이므로
$$\lim_{x\to0}\frac{f(x)}{x}=\lim_{x\to0}\frac{f(x)-f(0)}{x-0}=f'(0)$$

대표 유형 다지기

01

원점 O와 점 $P(4, -3)$을 지나는 동경 OP가 나타내는 각의 크기를 θ라 할 때, $\csc\theta + \sec\theta + \cot\theta$의 값은?

① $-\dfrac{9}{4}$ ② $-\dfrac{7}{4}$ ③ $-\dfrac{5}{4}$

④ $-\dfrac{3}{4}$ ⑤ $-\dfrac{1}{4}$

02

$10(\sin 15° + \sin 75°)^2$의 값은?

① 9 ② 11 ③ 13

④ 15 ⑤ 17

03

$\tan\dfrac{\pi}{12} - \cot\dfrac{\pi}{12}$의 값은?

① $-2\sqrt{3}$ ② $-2\sqrt{2}$ ③ -2

④ $-\sqrt{3}$ ⑤ $-\sqrt{2}$

04

이차방정식 $x^2 - 5x + 3 = 0$의 두 근이 $\tan\alpha$, $\tan\beta$일 때, $\tan(\alpha+\beta)$의 값은?

① $-\sqrt{5}$ ② -3 ③ -4

④ $-\dfrac{9}{2}$ ⑤ $-\dfrac{5}{2}$

05 중요

$30(\sin 75° - \cos 75°)(\sin 15° + \cos 15°)$의 값은?

① $5\sqrt{3}$ ② $8\sqrt{3}$ ③ $10\sqrt{3}$

④ $12\sqrt{3}$ ⑤ $15\sqrt{3}$

06

두 직선 $y=x$, $y=2x$가 이루는 예각의 크기를 θ라 할 때, $\tan\theta$의 값은?

① $\dfrac{1}{3}$ ② $\dfrac{1}{2}$ ③ 1

④ 2 ⑤ 3

07

$\displaystyle\lim_{x\to 0}\dfrac{\tan(\sin 5x)}{\tan 4x}$의 값은?

① $\dfrac{1}{4}$ ② $\dfrac{1}{2}$ ③ $\dfrac{4}{5}$

④ 1 ⑤ $\dfrac{5}{4}$

08 중요

$\displaystyle\lim_{x\to 0}\dfrac{1-\cos x}{x\sin x}$의 값은?

① -2 ② -1 ③ 0

④ $\dfrac{1}{2}$ ⑤ 1

09

$\displaystyle\lim_{x\to 0}\frac{\tan x}{\sin x+\sin 2x+\sin 3x+\sin 4x+\sin 5x}$의 값은?

① 0 ② $\dfrac{1}{15}$ ③ $\dfrac{2}{15}$

④ $\dfrac{1}{5}$ ⑤ $\dfrac{4}{15}$

10

$\displaystyle\lim_{x\to 0}\frac{x^2+ax+b}{\sin x}=2$일 때, 상수 a, b에 대하여 $a+b$의 값은?

① 1 ② 2 ③ 3

④ 4 ⑤ 5

11

$\displaystyle\lim_{x\to\frac{\pi}{3}}\frac{\pi-3x}{\sin\left(x-\dfrac{\pi}{3}\right)}$의 값은?

① -3 ② -2 ③ -1

④ 1 ⑤ 2

12

함수 $f(x)=e^x(1-\cos x)$에 대하여 $f'(0)$의 값은?

① -1 ② -1 ③ 0

④ 1 ⑤ 2

13

함수 $f(x)=\sin^2 x$의 $x=\dfrac{\pi}{6}$에서의 미분계수는?

① $\dfrac{1}{2}$ ② $\dfrac{\sqrt{2}}{2}$ ③ $\dfrac{\sqrt{3}}{2}$

④ 2 ⑤ $\dfrac{\sqrt{5}}{2}$

14

〈보기〉에서 함수 $f(x)=\sin x$에 대한 설명으로 옳은 것만을 있는 대로 고른 것은?

보기

ㄱ. $\displaystyle\lim_{h\to 0}\frac{f(h)}{h}=1$ ㄴ. $f'\left(\dfrac{\pi}{2}\right)=0$

ㄷ. $f'\left(x+\dfrac{\pi}{2}\right)=-f(x)$

① ㄱ ② ㄱ, ㄴ ③ ㄱ, ㄷ

④ ㄴ, ㄷ ⑤ ㄱ, ㄴ, ㄷ

15

$\displaystyle\lim_{x\to\frac{\pi}{4}}\frac{\sin x-\cos x}{x-\dfrac{\pi}{4}}$의 값은?

① $\dfrac{1}{2}$ ② $\dfrac{\sqrt{2}}{2}$ ③ 1

④ $\sqrt{2}$ ⑤ 2

16 중요

함수 $f(x)=x\sin x$에 대하여 $\displaystyle\lim_{h\to 0}\frac{f(\pi-2h)}{3h}$의 값은?

① $\dfrac{\pi}{6}$ ② $\dfrac{\pi}{3}$ ③ $\dfrac{\pi}{2}$

④ $\dfrac{2}{3}\pi$ ⑤ $\dfrac{5}{6}\pi$

03 | 여러 가지 미분법

개념 ① 함수의 몫의 미분법

(1) 함수의 몫의 미분법 유형 01

두 함수 $f(x)$, $g(x)$ $(g(x) \neq 0)$이 미분가능할 때

① $\left\{\dfrac{1}{g(x)}\right\}' = -\dfrac{g'(x)}{\{g(x)\}^2}$

② $\left\{\dfrac{f(x)}{g(x)}\right\}' = \dfrac{f'(x)g(x) - f(x)g'(x)}{\{g(x)\}^2}$

(2) 삼각함수의 도함수 유형 02

① $(\tan x)' = \sec^2 x$ 　　　　② $(\sec x)' = \sec x \tan x$

③ $(\csc x)' = -\csc x \cot x$ 　　④ $(\cot x)' = -\csc^2 x$

개념 Plus

- 함수의 몫의 미분법으로부터 n이 정수일 때, 함수 $y = x^n$의 도함수는
$y' = nx^{n-1}$ (단, $x \neq 0$)

개념 Check

1. 다음 함수를 미분하시오.

(1) $y = \dfrac{2x+3}{x-2}$ 　　　　　　(2) $y = \dfrac{1}{3x+4}$

(3) $y = \tan x + 2\cot x$ 　　　　(4) $y = \sec x - 2\csc x$

유형 01 함수의 몫의 미분법

함수 $f(x) = \dfrac{3x^2 - 4x + 2}{x-1}$에 대하여 $f'(2)$의 값은?

① 1 　　② 2 　　③ 3 　　④ 4 　　⑤ 5

01-1 함수 $f(x) = \dfrac{1}{x-2}$에 대하여 $\lim\limits_{x \to 3} \dfrac{f(x)-1}{x-3}$의 값은?

① -3 　　② -2 　　③ -1 　　④ 0 　　⑤ 1

해결 Point

미분계수의 정의를 이용할 수 있도록 식을 변형한다.
$$f'(a) = \lim_{x \to a} \frac{f(x)-f(a)}{x-a}$$

유형 02 삼각함수의 도함수

함수 $f(x) = \cot x - \csc x$에 대하여 $f'\left(\dfrac{\pi}{4}\right)$의 값은?

① $-2-\sqrt{2}$ 　　② $-2+\sqrt{2}$ 　　③ $2-\sqrt{2}$ 　　④ $2\sqrt{2}$ 　　⑤ $2+\sqrt{2}$

02-1 함수 $f(x) = \tan x + \sec x$에 대하여 $\lim\limits_{h \to 0} \dfrac{f(\pi - 2h) - f(\pi)}{h}$의 값을 구하시오.

개념 ② 합성함수의 미분법 

(1) 합성함수의 미분법 유형 03, 04

미분가능한 두 함수 $y=f(u)$, $u=g(x)$에 대하여 합성함수 $y=f(g(x))$도 미분가능하고,
그 도함수는

$$\frac{dy}{dx}=\frac{dy}{du}\times\frac{du}{dx} \ \ 또는 \ \ \{f(g(x))\}'=f'(g(x))g'(x)$$

즉, 함수 $f(x)$가 미분가능할 때

① $y=f(ax+b)$이면 $y'=af'(ax+b)$
② $y=\{f(x)\}^n$ (n은 정수)이면 $y'=n\{f(x)\}^{n-1}f'(x)$

1. 다음 함수를 미분하시오.

(1) $y=(3x+2)^5$

(2) $y=\left(x+\dfrac{1}{x}\right)^2$

(3) $y=(x^2+2)(x+1)^3$

(4) $y=\sin(2x+5)$

개념 Plus
- 두 함수 $y=f(u)$, $u=g(x)$가 미분가능할 때, 합성함수 $y=f(g(x))$도 미분가능하다.

개념 Feedback
- 합성함수란?
  두 함수 $f:X\to Y$, $g:Y\to Z$에 대하여 집합 X의 각 원소 x를 집합 Z의 원소 $g(f(x))$에 대응시키는 함수를 f와 g의 합성함수라 하고, 이것을 기호로
  $$g\circ f:X\to Z$$
  와 같이 나타낸다.

유형 03 합성함수의 미분법 (1)

함수 $f(x)=(x^3-2x)^4$의 $x=1$에서의 미분계수는?

① -7　　② -4　　③ -1　　④ 2　　⑤ 5

03-1 함수 $f(x)=(x^2-3x+1)^3$에 대하여 $\displaystyle\lim_{x\to 2}\frac{f(x)+1}{x-2}$의 값은?

① -3　　② -1　　③ 1　　④ 3　　⑤ 5

유형 04 합성함수의 미분법 (2)

두 함수 $f(x)=e^{3x}$, $g(x)=\sin x$에 대하여 $h(x)=(f\circ g)(x)$라 할 때, $h'(\pi)$의 값을 구하시오.

해결 Point
$h(x)=(f\circ g)(x)=f(g(x))$
에서
$h'(x)=f'(g(x))g'(x)$

04-1 두 함수 $f(x)=x^{50}$, $g(x)=\dfrac{1}{2x-3}$에 대하여 $h(x)=(f\circ g)(x)$라 할 때, $h'(2)$의 값은?

① -100　　② -110　　③ -120　　④ -130　　⑤ -140

개념 ③ 함수 $y=\ln|f(x)|$의 도함수와 $y=x^\alpha$ (α는 실수)의 도함수

(1) 함수 $y=\ln|f(x)|$의 도함수 　유형 05

$a>0$, $a\neq1$이고, 함수 $f(x)$가 미분가능하며 $f(x)\neq0$일 때

① $(\ln|x|)'=\dfrac{1}{x}$, $(\log_a|x|)'=\dfrac{1}{x\ln a}$

② $(\ln|f(x)|)'=\dfrac{f'(x)}{f(x)}$, $(\log_a|f(x)|)'=\dfrac{f'(x)}{f(x)\ln a}$

(2) 함수 $y=x^\alpha$ (α는 실수)의 도함수 　유형 06

α가 실수일 때, 함수 $y=x^\alpha$의 도함수는
$$y'=\alpha x^{\alpha-1} \ (단,\ x>0)$$

개념 Plus

• 밑이 변수인 지수함수나 복잡한 곱 또는 몫의 꼴인 함수는 양변에 로그를 취한 후, 함수 $y=\ln|f(x)|$의 도함수를 이용하여 미분할 수 있다.

개념 Check

1. 다음 함수를 미분하시오.

(1) $y=\ln|3x-1|$　　(2) $y=\log_2(x^2+3)$　　(3) $y=\ln|\cos x|$

2. 다음 함수를 미분하시오.

(1) $y=\sqrt[3]{x}$　　(2) $y=x^{\sqrt5}$　　(3) $y=\sqrt{x^2-3}$

유형 05 함수 $y=\ln|f(x)|$의 도함수

함수 $f(x)=\ln(x^2+2)$의 $x=2$에서의 미분계수를 구하시오.

05-1 $0<x<\dfrac{\pi}{2}$에서 정의된 함수 $f(x)=\ln(\sin^2 x)$에 대하여 $f'\left(\dfrac{\pi}{4}\right)$의 값은?

① 1　　② $\dfrac{3}{2}$　　③ 2　　④ $\dfrac{5}{2}$　　⑤ 3

유형 06 $y=x^\alpha$ (α는 실수)의 도함수

함수 $f(x)=2x^{\sqrt2}$에 대하여 $\dfrac{f(2)}{f'(2)}$의 값은?

① $\dfrac{1}{2}$　　② $\dfrac{\sqrt2}{2}$　　③ $\sqrt2$　　④ 2　　⑤ $2\sqrt2$

06-1 함수 $f(x)=\sqrt[3]{3x-1}$에 대하여 $f'(3)$의 값은?

① $\dfrac{1}{4}$　　② $\dfrac{1}{2}$　　③ 1　　④ 2　　⑤ 4

개념 **4** 매개변수로 나타낸 함수의 미분법과 음함수의 미분법

(1) 매개변수로 나타낸 함수의 미분법 유형 07

매개변수로 나타낸 함수 $x=f(t)$, $y=g(t)$가 t에 대하여 미분가능하고 $f'(t)\neq0$이면

$$\frac{dy}{dx}=\frac{\dfrac{dy}{dt}}{\dfrac{dx}{dt}}=\frac{g'(t)}{f'(t)}$$

(2) 음함수의 미분법 유형 08

음함수 $f(x,\,y)=0$에서 y를 x에 대한 함수로 생각하고 각 항을 x에 대하여 미분하여 $\dfrac{dy}{dx}$를 구한다.

> **개념 Plus⁺**
> - 두 변수 x, y 사이의 관계를 변수 t를 매개로 하여
> $$x=f(t),\,y=g(t)$$
>   꼴로 나타낼 때, 변수 t를 매개변수라 하고, $x=f(t),\,y=g(t)$를 매개변수로 나타낸 함수라 한다.
> - x에 대한 함수 y가 방정식 $f(x,\,y)=0$ 꼴로 주어졌을 때, y는 x의 음함수 표현이라 한다.

개념 Check

1. 다음 매개변수로 나타낸 함수에서 $\dfrac{dy}{dx}$ 를 구하시오.

(1) $x=-2t^2+t,\ y=t^3+2t+1$ (2) $x=1+\cos t,\ y=-\sin t$ (3) $x=t+1,\ y=\dfrac{1}{t^2+1}$

2. 다음 음함수에서 $\dfrac{dy}{dx}$ 를 구하시오.

(1) $y^2-4y-x=0$ (2) $x^2+y^2=6$ (3) $\sin x+\cos y=1$

유형 **07** 매개변수로 나타낸 함수의 미분법

매개변수로 나타낸 함수 $x=\dfrac{1}{t+1}$, $y=t^2$에 대하여 $t=2$일 때, $\dfrac{dy}{dx}$의 값은?

① -40　　② -36　　③ -32　　④ -28　　⑤ -24

> **해결 Point**
> 함수 $x=f(t)$, $y=g(t)$가 t에 대하여 미분가능하고 $f'(t)\neq0$이면
> $$\frac{dy}{dx}=\frac{\dfrac{dy}{dt}}{\dfrac{dx}{dt}}=\frac{g'(t)}{f'(t)}$$

07-1 매개변수로 나타낸 함수 $x=t+\sin^2 t$, $y=t-\cos t$에 대하여 $t=0$일 때, $\dfrac{dy}{dx}$의 값을 구하시오.

유형 **08** 음함수의 미분법

음함수 $\sqrt{x}+\sqrt{y}=3$에 대하여 $x=1$, $y=4$일 때, $\dfrac{dy}{dx}$의 값은?

① -4　　② -2　　③ -1　　④ $-\dfrac{1}{2}$　　⑤ $-\dfrac{1}{4}$

> **해결 Point**
> y를 x에 대한 함수로 생각하고 각 항을 x에 대하여 미분한다.

08-1 음함수 $x^3+y^2+12xy+21=0$에 대하여 $x=-1$, $y=2$일 때, $\dfrac{dy}{dx}$의 값은?

① 3　　② $\dfrac{25}{8}$　　③ $\dfrac{13}{4}$　　④ $\dfrac{27}{8}$　　⑤ $\dfrac{7}{2}$

개념 ⑤ 역함수의 미분법과 이계도함수

(1) 역함수의 미분법 유형 09

미분가능한 함수 $f(x)$의 역함수 $f^{-1}(x)$가 존재하고 미분가능할 때, $y=f^{-1}(x)$의 도함수는

$$\frac{dy}{dx}=\frac{1}{\dfrac{dx}{dy}} \ \text{ 또는 } \ (f^{-1})'(x)=\frac{1}{f'(y)} \ \left(\text{단, } \frac{dx}{dy}\neq0, \ f'(y)\neq0\right)$$

(2) 이계도함수 유형 10

함수 $f(x)$의 도함수 $f'(x)$가 미분가능할 때, $f'(x)$의 도함수

$$\lim_{\varDelta x\to0}\frac{f'(x+\varDelta x)-f'(x)}{\varDelta x}$$

를 함수 $y=f(x)$의 이계도함수라 하고, 기호로 $f''(x)$, y'', $\dfrac{d^2y}{dx^2}$, $\dfrac{d^2}{dx^2}f(x)$와 같이 나타낸다.

개념 Plus➕

• 미분가능한 함수 $f(x)$의 역함수를 $g(x)$라 하면 $f(g(x))=x$가 성립한다. 이 식의 양변을 x에 대하여 미분하면

$$f'(g(x))g'(x)=1$$
$$\therefore \ g'(x)=\frac{1}{f'(g(x))}$$
$$(\text{단}, f'(g(x))\neq0)$$

개념 Feedback

• 역함수란?

함수 $f:X\to Y$가 일대일대응일 때, 집합 Y의 각 원소 y에 대하여 $f(x)=y$인 집합 X의 원소 x를 대응시키면 Y를 정의역, X를 공역으로 하는 새로운 함수가 만들어진다. 이 함수를 f의 역함수라 하고, 기호로 f^{-1}와 같이 나타낸다. 즉,

$$f^{-1}:Y\to X, \ x=f^{-1}(y)$$

개념 Check

1. 역함수의 미분법을 이용하여 다음에서 $\dfrac{dy}{dx}$를 구하시오.

(1) $x=y^3$ (2) $x=3y^2-2y+1$ (3) $y=\sqrt[4]{x+2}$

2. 다음 함수의 이계도함수를 구하시오.

(1) $y=x^3+4x+2$ (2) $y=\cos 2x$ (3) $y=e^{2x+1}$

유형 ⑨ 역함수의 미분법

함수 $f(x)=x^3+2x+1$의 역함수를 $g(x)$라 할 때, $g'(4)$의 값은?

① $\dfrac{1}{11}$ ② $\dfrac{1}{9}$ ③ $\dfrac{1}{7}$ ④ $\dfrac{1}{5}$ ⑤ $\dfrac{1}{3}$

• 해결 Point •

$g(4)=a$, 즉 $f(a)=4$를 만족시키는 a의 값을 구한다.

09-1 곡선 $x=\sqrt{y^2+2y}+3$에 대하여 $y=2$일 때, $\dfrac{dy}{dx}$의 값은?

① $\dfrac{\sqrt{2}}{3}$ ② $\dfrac{2\sqrt{2}}{3}$ ③ $\sqrt{2}$ ④ $\dfrac{4\sqrt{2}}{3}$ ⑤ $\dfrac{5\sqrt{2}}{3}$

유형 ⑩ 이계도함수

함수 $f(x)=\ln(x^2+3)$에 대하여 $f''(1)$의 값은?

① $\dfrac{1}{4}$ ② $\dfrac{3}{4}$ ③ $\dfrac{5}{4}$ ④ $\dfrac{7}{4}$ ⑤ $\dfrac{9}{4}$

10-1 함수 $f(x)=e^x\sin x$에 대하여 $\displaystyle\lim_{x\to0}\frac{f'(x)-f'(0)}{x}$의 값은?

① $\dfrac{1}{4}$ ② $\dfrac{1}{2}$ ③ 1 ④ 2 ⑤ 4

대표 유형 다지기

정답과 풀이 32쪽

01

함수 $f(x)=\dfrac{x^2+x+1}{x-1}$ 에 대하여 $f'(-1)$의 값은?

① $\dfrac{1}{4}$　　　　② $\dfrac{1}{2}$　　　　③ $\dfrac{3}{4}$

④ 1　　　　⑤ $\dfrac{5}{4}$

02

함수 $f(x)=\dfrac{1}{3x-4}$ 에 대하여 $\displaystyle\lim_{x\to2}\dfrac{f(x)-f(2)}{x-2}$ 의 값은?

① $-\dfrac{5}{4}$　　　　② -1　　　　③ $-\dfrac{3}{4}$

④ $-\dfrac{1}{2}$　　　　⑤ $-\dfrac{1}{4}$

03

함수 $f(x)=\dfrac{\cos x}{1+\tan x}$ 에 대하여 $\displaystyle\lim_{x\to0}\dfrac{f(x)-1}{x}$ 의 값은?

① -1　　　　② $-\dfrac{1}{2}$　　　　③ 0

④ $\dfrac{1}{2}$　　　　⑤ 1

04

미분가능한 함수 $f(x)$가

$$f(2)=-2,\ f'(2)=3$$

을 만족시킬 때, 함수 $y=\{f(x)\}^5$의 $x=2$에서의 미분계수는?

① 210　　　　② 222　　　　③ 234

④ 240　　　　⑤ 252

05

미분가능한 함수 $f(x)$가 모든 실수 x에 대하여

$$f(3x+1)=2x^2-x+3$$

을 만족시킬 때, $f'(4)$의 값을 구하시오.

06 중요

미분가능한 두 함수 $f(x)$, $g(x)$가

$$\lim_{x\to0}\dfrac{f(x)-1}{x}=3,\quad \lim_{x\to1}\dfrac{g(x)-2}{x-1}=5$$

를 만족시킬 때, 함수 $(g\circ f)(x)$의 $x=0$에서의 미분계수는?

① 2　　　　② 3　　　　③ 5

④ 15　　　　⑤ 30

07

함수 $f(x)=\ln(\cos^2 x)$의 $x=\dfrac{\pi}{3}$에서의 미분계수는?

① -4　　　　② $-2\sqrt{3}$　　　　③ -2

④ $2\sqrt{3}$　　　　⑤ 4

08

함수 $f(x)=\dfrac{(x+2)(x+4)^4}{(x+1)^2(x+3)^3}$ 에 대하여 $\dfrac{f'(0)}{f(0)}$ 의 값은?

① $-\dfrac{3}{2}$　　　　② -1　　　　③ $-\dfrac{1}{2}$

④ 1　　　　⑤ $\dfrac{3}{2}$

09

함수 $f(x)=\dfrac{1}{x}+\dfrac{2}{x^2}+\dfrac{3}{x^3}+\cdots+\dfrac{7}{x^7}$ 에 대하여 $f'(1)$의 값은?

① -180 ② -170 ③ -160
④ -150 ⑤ -140

10

매개변수로 나타낸 함수 $x=1-t^2$, $y=2t^2+t$에 대하여 $t=a$일 때, $\dfrac{dy}{dx}$의 값은 $-\dfrac{3}{2}$이다. a의 값은?

① -2 ② -1 ③ 0
④ 1 ⑤ 2

11

음함수 $x\ln x+y^2-y=0$에 대하여 $x=1$, $y=1$일 때, $\dfrac{dy}{dx}$의 값은?

① -1 ② -2 ③ -3
④ -4 ⑤ -5

12

함수 $f(x)=x^3+2x^2+3x$의 역함수를 $g(x)$라 할 때, $g'(6)$의 값은?

① $\dfrac{1}{10}$ ② $\dfrac{1}{8}$ ③ $\dfrac{1}{6}$
④ $\dfrac{1}{4}$ ⑤ $\dfrac{1}{2}$

13

함수 $f(x)=\sqrt{x^2-x}\ (x\geq1)$의 역함수를 $g(x)$라 할 때, $f'(2)g'(\sqrt{6})$의 값은?

① $\dfrac{\sqrt{3}}{5}$ ② $\dfrac{2}{5}$ ③ $\dfrac{\sqrt{6}}{5}$
④ $\dfrac{3}{5}$ ⑤ $\dfrac{3\sqrt{3}}{5}$

14 중요

미분가능한 함수 $f(x)$의 역함수 $g(x)$가 미분가능하고,
$$\lim_{x\to2}\frac{g(x)+3}{x-2}=2$$
가 성립할 때, $f'(-3)$의 값은?

① -2 ② $-\dfrac{1}{2}$ ③ $\dfrac{1}{2}$
④ 1 ⑤ 2

15

함수 $f(x)=(x^2+2)\ln x$에 대하여 $\lim\limits_{x\to1}\dfrac{f'(x)-3}{x-1}$의 값을 구하시오.

16 중요

함수 $y=e^x\sin2x$가 모든 실수 x에 대하여 $y''+ay'+by=0$을 만족시킬 때, 상수 a, b에 대하여 ab의 값은?

① -10 ② -8 ③ -6
④ -4 ⑤ -2

04 | 도함수의 활용 (1)

개념 ① 접선의 방정식 

정답과 풀이 34쪽

(1) 접선의 방정식 · 유형 01, 02

함수 $f(x)$가 $x=a$에서 미분가능할 때

① 곡선 $y=f(x)$ 위의 점 $\mathrm{P}(a, f(a))$에서의 접선의 방정식

   접선의 기울기가 $f'(a)$이므로 점 $\mathrm{P}(a, f(a))$에서의 접선의 방정식은
$$y-f(a)=f'(a)(x-a)$$

② 곡선 $y=f(x)$ 밖의 한 점 $\mathrm{A}(x_1, y_1)$에서 곡선에 그은 접선의 방정식

   (i) 접점 P의 좌표를 $(t, f(t))$로 놓는다.

   (ii) 접점 P에서의 접선의 방정식은 $y-f(t)=f'(t)(x-t)$ …… ㉠

   (iii) ㉠에 점 $\mathrm{A}(x_1, y_1)$의 좌표를 대입하여 t의 값을 구한 후, 이를 ㉠에 대입하여 구한다.

개념 Plus ➕

- 곡선 $y=f(x)$ 위의 점 $\mathrm{P}(a, f(a))$에서의 접선의 기울기는 $x=a$에서의 미분계수 $f'(a)$와 같다.

- 곡선 $y=f(x)$에 접하고 기울기가 m인 직선의 방정식은 접점의 좌표를 $(t, f(t))$로 놓고 $f'(t)=m$인 t의 값을 구한 후, 이를 $y-f(t)=m(x-t)$에 대입하여 구한다.

개념 Check

1. 곡선 $y=\ln x$ 위의 점 $(1, 0)$에서의 접선의 방정식을 구하시오.

2. 음함수의 미분법을 이용하여 원 $x^2+y^2=25$ 위의 점 $(3, 4)$에서의 접선의 방정식을 구하시오.

유형 ①1   곡선 위의 점에서의 접선의 방정식

곡선 $y=\sqrt{x}$ 위의 점 $(9, 3)$에서의 접선의 방정식이 $y=ax+b$일 때, 상수 a, b에 대하여 ab의 값을 구하시오.

· 해결 Point ·
$f(x)=\sqrt{x}$로 놓고 $f'(x)$를 구하거나 $y=\sqrt{x}$의 양변을 제곱하여 정리하면 $x-y^2=0$이므로 음함수의 미분법을 이용하여 접선의 기울기를 구한다.

01-1   곡선 $y=(\ln x)^2$ 위의 점 $(e, 1)$에서의 접선과 x축 및 y축으로 둘러싸인 삼각형의 넓이는?

① $\dfrac{e}{16}$ ② $\dfrac{e}{8}$ ③ $\dfrac{e}{4}$ ④ $\dfrac{e}{2}$ ⑤ e

01-2   매개변수로 나타낸 곡선 $x=t^3-1$, $y=2t^2-1$에 대하여 $t=1$에 대응하는 점에서의 접선의 방정식을 구하시오.

유형 ①2   곡선 밖의 한 점에서 곡선에 그은 접선의 방정식

점 $(5, 0)$에서 곡선 $y=\sqrt{4-x}$에 접선을 그을 때, 접점의 x좌표를 구하시오.

· 해결 Point ·
접점의 좌표를 $(t, \sqrt{4-t})$로 놓는다.

02-1   원점에서 곡선 $y=e^x$에 그은 접선과 x축이 이루는 예각의 크기를 θ라 할 때, $\tan\theta$의 값은?

① $\dfrac{1}{e^2}$ ② $\dfrac{1}{e}$ ③ $\dfrac{1}{\sqrt{e}}$ ④ e ⑤ e^2

개념 ② 함수의 증가와 감소

(1) 함수의 증가와 감소

함수 $f(x)$가 어떤 구간에 속하는 임의의 두 실수 x_1, x_2에 대하여

① $x_1 < x_2$일 때, $f(x_1) < f(x_2)$이면 함수 $f(x)$는 이 구간에서 증가한다고 한다.

② $x_1 < x_2$일 때, $f(x_1) > f(x_2)$이면 함수 $f(x)$는 이 구간에서 감소한다고 한다.

(2) 함수의 증가와 감소의 판정 유형 03, 04

함수 $f(x)$가 어떤 열린구간에서 미분가능하고, 이 구간의 모든 x에 대하여

① $f'(x) > 0$이면 $f(x)$는 이 구간에서 증가한다.

② $f'(x) < 0$이면 $f(x)$는 이 구간에서 감소한다.

개념 Plus ➕

• 함수 $f(x)$가 어떤 구간에서 미분 가능하고, 이 구간에서

① $f(x)$가 증가하면 $f'(x) \geq 0$

② $f(x)$가 감소하면 $f'(x) \leq 0$

개념 Check

1. 다음 함수의 증가와 감소를 조사하시오.

(1) $f(x) = x + \dfrac{1}{x}$
(2) $f(x) = 3x - e^x$
(3) $f(x) = x - \ln x$

유형 ③ 함수의 증가와 감소

함수 $f(x) = x^2 e^{-x}$이 증가하는 x의 값의 범위가 $\alpha \leq x \leq \beta$일 때, $\alpha + \beta$의 값을 구하시오.

• **해결 Point** •

$f'(x) \geq 0$을 만족시키는 구간을 찾는다.

03-1 다음 중 함수 $y = x^2 \ln x$가 감소하는 구간에 속하는 수는?

① $\dfrac{1}{2\sqrt{e}}$
② $\dfrac{\sqrt{e}}{2}$
③ $\dfrac{2}{\sqrt{e}}$
④ $\sqrt{e}$
⑤ $2\sqrt{e}$

유형 ④ 증가 또는 감소하기 위한 조건

함수 $f(x) = ax + \sin x$가 실수 전체의 집합에서 증가할 때, 실수 a의 최솟값을 구하시오.

• **해결 Point** •

함수 $f(x)$가 실수 전체의 집합에서 증가하면 모든 실수 x에 대하여 $f'(x) \geq 0$이다.

04-1 다음 중 함수 $f(x) = (x^2 + ax + 1)e^{-2x}$이 실수 전체의 집합에서 감소하도록 하는 실수 a의 값이 될 수 <u>없는</u> 것은?

① $-\sqrt{3}$
② $-\sqrt{2}$
③ 0
④ 1
⑤ 2

개념 ③ 함수의 극대와 극소 〔중요〕

(1) 함수의 극대와 극소

함수 $f(x)$가 $x=a$를 포함하는 어떤 열린구간에 속하는 모든 x에 대하여

① $f(x) \leq f(a)$일 때, 함수 $f(x)$는 $x=a$에서 극대라 하고, $f(a)$를 극댓값이라 한다.

② $f(x) \geq f(a)$일 때, 함수 $f(x)$는 $x=a$에서 극소라 하고, $f(a)$를 극솟값이라 한다.

이때, 극댓값과 극솟값을 통틀어 극값이라 한다.

(2) 도함수를 이용한 함수의 극대와 극소의 판정 〔유형 05〕

미분가능한 함수 $f(x)$에서 $f'(a)=0$이고 $x=a$의 좌우에서 $f'(x)$의 부호가

① 양($+$)에서 음($-$)으로 바뀌면 $f(x)$는 $x=a$에서 극대이고, 극댓값은 $f(a)$이다.

② 음($-$)에서 양($+$)으로 바뀌면 $f(x)$는 $x=a$에서 극소이고, 극솟값은 $f(a)$이다.

(3) 이계도함수를 이용한 함수의 극대와 극소의 판정

이계도함수를 갖는 함수 $f(x)$에서 $f'(a)=0$일 때

① $f''(a)<0$이면 $f(x)$는 $x=a$에서 극대이다.

② $f''(a)>0$이면 $f(x)$는 $x=a$에서 극소이다.

개념 Plus +

- 미분가능한 함수 $f(x)$가 $x=a$에서 극값을 가지면
$$f'(a)=0$$
단, 일반적으로 역은 성립하지 않는다.

예 $f(x)=x^3$에서 $f'(0)=0$이지만 $x \neq 0$일 때 $f'(x)=3x^2>0$이므로 $x=0$에서 극값을 갖지 않는다.

유형 ⑤ 극대와 극소의 판정

함수 $f(x)=x \ln x$가 $x=a$에서 극솟값 b를 가질 때, $a+b$의 값은?

① -2　　② -1　　③ 0　　④ 1　　⑤ 2

• 해결 Point •

미분가능한 함수 $f(x)$에 대하여 $f'(a)=0$일 때, $x=a$의 좌우에서 $f'(x)$의 부호가 바뀌면 $f(x)$는 $x=a$에서 극값을 갖는다.

05-1 오른쪽 그림은 미분가능한 함수 $f(x)$의 도함수 $y=f'(x)$의 그래프이다. 함수 $f(x)$가 극댓값을 갖는 점의 개수를 m, 극솟값을 갖는 점의 개수를 n이라 할 때, $m-n$의 값을 구하시오.

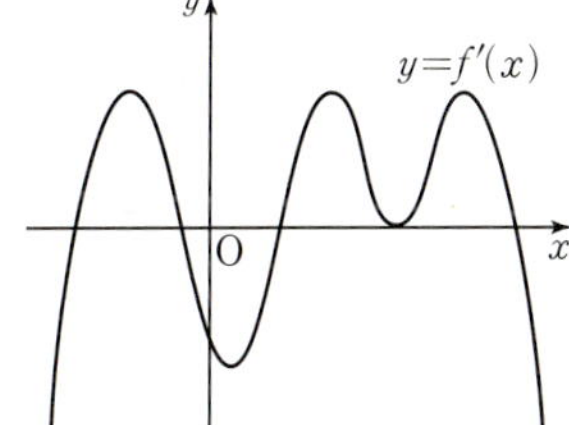

05-2 함수 $f(x)=x^2 e^x$의 극댓값과 극솟값의 합은?

① $\dfrac{1}{e^2}$　　② $\dfrac{1}{e}$　　③ $\dfrac{4}{e^2}$　　④ e　　⑤ e^2

05-3 함수 $f(x)=a \sin x + b \cos x$가 $x=\dfrac{\pi}{3}$에서 극댓값 6을 가질 때, 상수 a, b에 대하여 a^2+b^2의 값을 구하시오.

• 해결 Point •

미분가능한 함수 $f(x)$가 $x=a$에서 극값 b를 가지면
$$f(a)=b, \ f'(a)=0$$

대표 유형 다지기

01

곡선 $y=e^{3x}$ 위의 점 $(0, 1)$에서의 접선의 방정식은?

① $y=3x+1$ 　　② $y=-3x+1$

③ $y=ex+1$ 　　④ $y=-ex+1$

⑤ $y=3ex+1$

02

매개변수 t로 나타낸 곡선 $x=\sqrt{2}\sin t-2$, $y=\sqrt{2}\cos t-1$ 위의 점 $(-1, 0)$에서의 접선과 x축 및 y축으로 둘러싸인 삼각형의 넓이는? $\left(\text{단, } 0\leq t<\dfrac{\pi}{2}\right)$

① $\dfrac{1}{4}$ 　　② $\dfrac{1}{2}$ 　　③ 1

④ 2 　　⑤ 4

03

원점에서 곡선 $y=\dfrac{1}{x}-1$에 그은 접선의 기울기는?

① -1 　　② $-\dfrac{1}{2}$ 　　③ $-\dfrac{1}{3}$

④ $-\dfrac{1}{4}$ 　　⑤ $-\dfrac{1}{5}$

04

곡선 $y=\cos 2x$ $(0\leq x\leq\pi)$에 접하고 기울기가 -2인 직선의 y절편은?

① $\dfrac{\pi}{2}$ 　　② $\dfrac{\pi}{3}$ 　　③ $\dfrac{\pi}{4}$

④ $\dfrac{\pi}{5}$ 　　⑤ $\dfrac{\pi}{6}$

05

곡선 $x^4+ay^2+b=0$ 위의 점 $(1, 1)$에서의 접선의 기울기가 $-\dfrac{1}{2}$일 때, 상수 a, b에 대하여 $a+b$의 값은? (단, $a\neq 0$)

① -1 　　② $-\dfrac{1}{2}$ 　　③ $\dfrac{1}{2}$

④ 1 　　⑤ $\dfrac{3}{2}$

06

두 곡선 $y=a\ln x$, $y=\dfrac{2}{e}x^2$이 한 점에서 접할 때, 상수 a의 값은?

① 2 　　② $\dfrac{5}{2}$ 　　③ 3

④ $\dfrac{7}{2}$ 　　⑤ 4

07 중요

점 $(a, 0)$에서 곡선 $y=xe^x$에 그을 수 있는 접선이 존재하지 않을 때, a의 값의 범위는?

① $a<-4$ 　　② $-4<a<0$ 　　③ $-2<a<2$

④ $0<a<4$ 　　⑤ $a>4$

08

함수 $f(x)=\sin^3 x$ $(0<x<2\pi)$가 감소하는 x의 값의 범위가 $\alpha\leq x\leq\beta$일 때, $\beta-\alpha$의 값은?

① $\dfrac{\pi}{3}$ 　　② $\dfrac{\pi}{2}$ 　　③ $\dfrac{2}{3}\pi$

④ π 　　⑤ $\dfrac{3}{2}\pi$

09 중요

함수 $f(x)=ax+\ln(x^2+2)$가 실수 전체의 집합에서 감소하도록 하는 실수 a의 최댓값은?

① -1
② $-\dfrac{\sqrt{3}}{2}$
③ $-\dfrac{\sqrt{2}}{2}$
④ $-\dfrac{\sqrt{2}}{4}$
⑤ $-\dfrac{1}{4}$

10

다음 조건을 만족시키는 함수 $f(x)$는?

> 임의의 두 실수 x_1, x_2에 대하여 $x_1<x_2$일 때, $f(x_1)<f(x_2)$이다.

① $f(x)=x^2$
② $f(x)=\sin x$
③ $f(x)=\dfrac{1}{x^2+1}$
④ $f(x)=\ln(x^2+1)$
⑤ $f(x)=-e^{-2x}$

11

함수 $f(x)=(x^2+ax+2)e^x$이 일대일대응이 되도록 하는 실수 a의 값의 범위는?

① $a\le-4$
② $a\le-2$
③ $-4\le a\le2$
④ $-2\le a\le2$
⑤ $a\ge2$

12

함수 $f(x)=\dfrac{3x-4}{x^2+1}$의 극솟값을 구하시오.

13

함수 $f(x)=2x(\ln x)^2+e$의 극댓값을 M, 극솟값을 m이라 할 때, $\dfrac{M}{m}$의 값은?

① $\dfrac{e^3}{e^3+8}$
② $\dfrac{e^3}{e^3+6}$
③ $\dfrac{e^3}{e^3+4}$
④ $\dfrac{6}{e^3}+1$
⑤ $\dfrac{8}{e^3}+1$

14

함수 $f(x)=e^a(e^x+e^{-x})$의 극솟값이 $2e^3$일 때, 상수 a의 값은?

① 1
② 2
③ 3
④ 4
⑤ 5

15 중요

함수 $f(x)=\dfrac{ax^2+2x+b}{x^2+1}$가 $x=-1$에서 극솟값 0을 가질 때, 함수 $f(x)$의 극댓값을 구하시오. (단, a, b는 상수이다.)

16

함수 $f(x)=x+a\cos x$가 극값을 갖도록 하는 자연수 a의 최솟값은?

① 1
② 2
③ 3
④ 4
⑤ 5

05 | 도함수의 활용(2)

개념 ① 곡선의 오목과 볼록, 변곡점

(1) 곡선의 오목과 볼록 유형 01

함수 $f(x)$가 어떤 구간에서

① $f''(x)>0$이면 곡선 $y=f(x)$는 이 구간에서 아래로 볼록하다.

② $f''(x)<0$이면 곡선 $y=f(x)$는 이 구간에서 위로 볼록하다.

(2) 변곡점

곡선 $y=f(x)$ 위의 점 $P(a, f(a))$에 대하여 $x=a$의 좌우에서 곡선의 볼록 상태가 바뀔 때, 점 P를 곡선 $y=f(x)$의 변곡점이라 한다.

(3) 변곡점의 판정 유형 02

함수 $f(x)$에서 $f''(a)=0$이고, $x=a$의 좌우에서 $f''(x)$의 부호가 바뀌면 점 $(a, f(a))$는 곡선 $y=f(x)$의 변곡점이다.

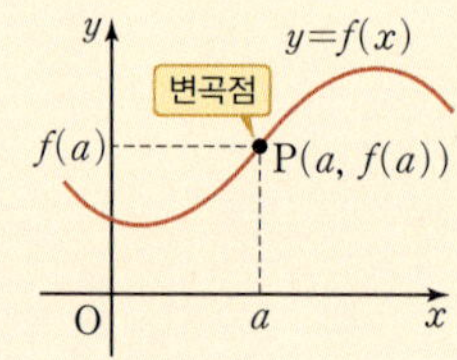

개념 Plus

- $f''(a)=0$이라고 해서 점 $(a, f(a))$가 항상 변곡점인 것은 아니다.

  예 $f(x)=x^4$에서 $f''(0)=0$이지만 점 $(0, 0)$은 변곡점이 아니다.

유형 ①1 곡선의 오목과 볼록

다음 중 곡선 $y=-\dfrac{1}{2x^2+3}$이 아래로 볼록한 구간은?

① $\left(-\dfrac{\sqrt{3}}{2}, \dfrac{1}{2}\right)$　　② $\left(-\dfrac{\sqrt{2}}{2}, \dfrac{\sqrt{2}}{2}\right)$　　③ $\left(-\dfrac{\sqrt{2}}{2}, \dfrac{\sqrt{3}}{2}\right)$

④ $\left(\dfrac{\sqrt{2}}{2}, 1\right)$　　⑤ $\left(\dfrac{\sqrt{3}}{2}, 1\right)$

해결 Point

함수 $f(x)$가 어떤 구간에서 $f''(x)>0$이면 곡선 $y=f(x)$는 이 구간에서 아래로 볼록하다.

01-1 다음 중 곡선 $y=xe^{2x}$이 위로 볼록한 구간은?

① $(-\infty, -1)$　　② $(-e, 1)$　　③ $(-1, 1)$

④ $(1, \infty)$　　⑤ (e, ∞)

유형 ①2 변곡점

함수 $f(x)=(x^2+3x+2)e^{-x}$에 대하여 곡선 $y=f(x)$의 모든 변곡점의 x좌표의 합을 구하시오.

02-1 함수 $f(x)=\dfrac{1}{4}x^2+\sin x\,(0<x<2\pi)$에 대하여 곡선 $y=f(x)$의 변곡점의 개수는?

① 0　　② 1　　③ 2　　④ 3　　⑤ 4

개념 ② 함수의 그래프 

(1) 함수의 그래프 ─ 유형 03, 04

미분가능한 함수 $y=f(x)$의 그래프의 개형은 다음을 조사하여 그린다.

① 정의역과 치역 　② 대칭성과 주기 　③ 좌표축과의 교점
④ 증가와 감소, 극대와 극소 　⑤ 오목과 볼록, 변곡점 　⑥ 점근선
　　$f'(x)$의 부호로 판정 　　$f''(x)$의 부호로 판정

참고 함수 $f(x)$에 대하여
① $f(-x)=f(x)$이면 $y=f(x)$의 그래프는 y축에 대하여 대칭이다.
② $f(-x)=-f(x)$이면 $y=f(x)$의 그래프는 원점에 대하여 대칭이다.

개념 Plus ⁺
· 점근선은 다음과 같이 구한다.
① $\lim\limits_{x\to\infty} f(x)=b$ 또는
　$\lim\limits_{x\to-\infty} f(x)=b$
　➡ 점근선은 직선 $y=b$
② $\lim\limits_{x\to a+} f(x)=\pm\infty$ 또는
　$\lim\limits_{x\to a-} f(x)=\pm\infty$
　➡ 점근선은 직선 $x=a$

개념 Check
1. 다음 함수의 그래프를 그리시오.
(1) $y=x^3+3x^2+3x$ 　　(2) $y=-x^4+4x^3+1$

유형 03　함수의 그래프

다음 함수의 그래프를 그리시오.

(1) $y=\ln(x^2+1)$ 　　(2) $y=\sqrt{x+1}-\dfrac{1}{2}x$

03-1 다음 함수의 그래프를 그리시오.
(1) $y=x+\cos x \ (0\le x\le 2\pi)$ 　　(2) $y=(1-x)e^{-x}$

유형 04　함수의 그래프를 이용하여 치역 구하기

함수 $f(x)=\dfrac{\ln x}{x}$의 치역이 $\{y\,|\,y\le a\}$일 때, a의 값은?

① $\dfrac{1}{2e}$ 　② $\dfrac{1}{e}$ 　③ 1 　④ e 　⑤ $2e$

· 해결 Point ·
함수 $y=f(x)$의 그래프의 개형을 그린다.

04-1 함수 $f(x)=xe^{-2x}$의 치역이 $\{y\,|\,y\le a\}$일 때, a의 값은?

① $\dfrac{1}{2e^2}$ 　② $\dfrac{1}{4e}$ 　③ $\dfrac{1}{e^2}$ 　④ $\dfrac{1}{2e}$ 　⑤ $\dfrac{1}{e}$

개념 ❸ 함수의 최대 · 최소

(1) 함수의 최대 · 최소 유형 05

함수 $f(x)$가 닫힌구간 $[a, b]$에서 연속일 때, 최댓값과 최솟값은 다음과 같은 순서로 구한다.

❶ 구간 $[a, b]$에서의 $f(x)$의 극댓값과 극솟값을 구한다.
❷ 구간 $[a, b]$의 양 끝값에서의 함숫값 $f(a)$, $f(b)$를 구한다.
❸ 극댓값, 극솟값, $f(a)$, $f(b)$ 중에서 가장 큰 값이 최댓값이고, 가장 작은 값이 최솟값이다.

개념 Plus

• 닫힌구간 $[a, b]$에서 연속인 함수 $f(x)$의 극값이 단 하나 존재할 때,
① 극값이 극댓값이면
 (극댓값) = (최댓값)
② 극값이 극솟값이면
 (극솟값) = (최솟값)

개념 Feedback

• **최대 · 최소 정리**
 함수 $y=f(x)$가 닫힌구간 $[a, b]$에서 연속이면 $f(x)$는 이 구간에서 반드시 최댓값과 최솟값을 갖는다.

유형 ❺ 함수의 최댓값, 최솟값 구하기

구간 $[-2, 2]$에서 함수 $f(x)=xe^x$의 최댓값과 최솟값의 곱은?

① $2e^2$　　　② $2e$　　　③ 1　　　④ $-2e$　　　⑤ $-2e^2$

05-1 $0 \leq x \leq \pi$에서 함수 $f(x)=2\cos^3 x$의 최댓값을 M, 최솟값을 m이라 할 때, $M+m$의 값을 구하시오.

• **해결 Point** •
$\sin^2 x + \cos^2 x = 1$

05-2 $-2 \leq x \leq 2$에서 함수 $f(x)=x\sqrt{4-x^2}$의 최댓값을 M, 최솟값을 m이라 할 때, Mm의 값은?

① -8　　　② -4　　　③ -2　　　④ 2　　　⑤ 4

05-3 $-1 \leq x \leq 3$에서 함수 $f(x)=\dfrac{x+2}{x^2+5}$는 $x=\alpha$일 때 최댓값을 갖고, $x=\beta$일 때 최솟값을 갖는다. $\alpha^2+\beta^2$의 값을 구하시오.

개념 ④ 방정식과 부등식에의 활용

(1) 방정식의 실근의 개수 유형 06

① 방정식 $f(x)=0$의 서로 다른 실근의 개수는 함수 $y=f(x)$의 그래프와 x축의 교점의 개수와 같다.

② 방정식 $f(x)=g(x)$의 서로 다른 실근의 개수는 두 함수 $y=f(x)$, $y=g(x)$의 그래프의 교점의 개수 또는 함수 $y=f(x)-g(x)$의 그래프와 x축의 교점의 개수와 같다.

(2) 부등식에의 활용 유형 07

① 어떤 구간에서 부등식 $f(x)\geq0$이 성립함을 보이려면
➡ 그 구간에서 $(f(x)$의 최솟값$)\geq0$임을 보인다.

② 어떤 구간에서 부등식 $f(x)\geq g(x)$가 성립함을 보이려면
➡ $h(x)=f(x)-g(x)$로 놓고, 그 구간에서 $(h(x)$의 최솟값$)\geq0$임을 보인다.

> **개념 Plus⁺**
>
> • 방정식의 실근
> ① 방정식 $f(x)=0$의 실근은 함수 $y=f(x)$의 그래프와 x축의 교점의 x좌표이다.
> ② 방정식 $f(x)=g(x)$의 실근은 두 함수 $y=f(x)$, $y=g(x)$의 그래프의 교점의 x좌표이다.

개념 Check

1. 다음 방정식의 서로 다른 실근의 개수를 구하시오.

(1) $x-e^x=0$ (2) $2\sqrt{x}-x=0$ (3) $x+\sin x=2$

유형 06 방정식의 실근의 개수

방정식 $\dfrac{\ln x}{x}=k$에 대하여 다음이 성립하도록 하는 실수 k의 값의 범위를 구하시오.

(1) 서로 다른 두 개의 실근을 갖는다.
(2) 한 개의 실근을 갖는다.
(3) 실근을 갖지 않는다.

> **해결 Point**
>
> $f(x)=\dfrac{\ln x}{x}$로 놓고, 함수 $y=f(x)$의 그래프와 직선 $y=k$의 교점의 개수를 구한다.

06-1 $x<0$에서 방정식 $xe^x=k$가 서로 다른 두 실근을 갖도록 하는 실수 k의 값의 범위는?

① $k<-\dfrac{1}{e}$ ② $k\leq-\dfrac{1}{e^2}$ ③ $-\dfrac{1}{e}\leq k<-\dfrac{1}{e^2}$

④ $-\dfrac{1}{e}<k<0$ ⑤ $-\dfrac{1}{e}\leq k<0$

유형 07 부등식에의 활용

$x>0$일 때, 부등식 $\sin x>-x-\dfrac{1}{6}x^3$이 성립함을 증명하시오.

> **해결 Point**
>
> $f(x)=\sin x+x+\dfrac{1}{6}x^3$으로 놓고 $x>0$일 때, $(f(x)$의 최솟값$)>0$임을 보인다.

07-1 $x>0$일 때, 부등식 $e^x-e\ln x\geq k$가 성립하도록 하는 실수 k의 최댓값은?

① $-e^2$ ② $-e$ ③ $\dfrac{1}{e}$ ④ e ⑤ e^2

개념 ⑤ 속도와 가속도

(1) 평면 운동에서의 속도와 가속도 유형 08, 09

좌표평면 위를 움직이는 점 P의 시각 t에서의 위치 (x, y)가 $x=f(t)$, $y=g(t)$일 때

① 점 P의 시각 t에서의 속도는 $\left(\dfrac{dx}{dt}, \dfrac{dy}{dt}\right)$ 또는 $(f'(t), g'(t))$

② 점 P의 시각 t에서의 속력은 $\sqrt{\left(\dfrac{dx}{dt}\right)^2+\left(\dfrac{dy}{dt}\right)^2}$ 또는 $\sqrt{\{f'(t)\}^2+\{g'(t)\}^2}$ ← 속도의 크기

③ 점 P의 시각 t에서의 가속도는 $\left(\dfrac{d^2x}{dt^2}, \dfrac{d^2y}{dt^2}\right)$ 또는 $(f''(t), g''(t))$

④ 점 P의 시각 t에서의 가속도의 크기는 $\sqrt{\left(\dfrac{d^2x}{dt^2}\right)^2+\left(\dfrac{d^2y}{dt^2}\right)^2}$ 또는 $\sqrt{\{f''(t)\}^2+\{g''(t)\}^2}$

개념 Plus

• **직선 운동에서의 속도와 가속도**
수직선 위를 움직이는 점 P의 시각 t에서의 위치 x가 $x=f(t)$일 때, 시각 t에서 점 P의 속도를 $v(t)$, 가속도를 $a(t)$라 하면

① $v(t)=\dfrac{dx}{dt}=f'(t)$

② $a(t)=\dfrac{d}{dt}v(t)=f''(t)$

유형 ⑧ 평면 운동에서의 속도

좌표평면 위를 움직이는 점 P의 시각 t에서의 위치 (x, y)가 $x=te^t$, $y=te^{-t}$일 때, $t=2$에서의 점 P의 속도와 속력을 각각 구하시오.

• **해결 Point** •

속력은 속도의 크기이다. 즉, $\sqrt{\left(\dfrac{dx}{dt}\right)^2+\left(\dfrac{dy}{dt}\right)^2}$ 이다.

08-1 좌표평면 위를 움직이는 점 P의 시각 t에서의 위치 (x, y)가 $x=2t^2-2t$, $y=3t$이다. 점 P의 속력이 $3\sqrt{5}$일 때의 시각을 구하시오.

08-2 좌표평면 위를 움직이는 점 P의 시각 t에서의 위치 (x, y)가 $x=t^2-3t$, $y=\sqrt{7}\,t$일 때, 점 P의 속력의 최솟값을 구하시오.

유형 ⑨ 평면 운동에서의 가속도

좌표평면 위를 움직이는 점 P의 시각 t에서의 위치 (x, y)가 $x=t\ln t$, $y=\ln t$일 때, $t=1$에서의 점 P의 가속도와 가속도의 크기를 각각 구하시오.

• **해결 Point** •

가속도의 크기는 $\sqrt{\left(\dfrac{d^2x}{dt^2}\right)^2+\left(\dfrac{d^2y}{dt^2}\right)^2}$ 임을 이용한다.

09-1 좌표평면 위를 움직이는 점 P의 시각 t에서의 위치 (x, y)가 $x=t^3-t^2$, $y=2t^2+t$이다. 점 P의 가속도의 크기가 $4\sqrt{17}$일 때의 시각을 구하시오.

대표 유형 다지기

정답과 풀이 50쪽

01

$\displaystyle\int\left(\sqrt[3]{x^4}-\dfrac{2}{x}\right)dx=ax^k+b\ln|x|+C$가 성립할 때, 상수 a, b, k에 대하여 $a+b+k$의 값은? (단, C는 적분상수이다.)

① $\dfrac{4}{7}$ ② $\dfrac{2}{3}$ ③ $\dfrac{16}{21}$

④ $\dfrac{6}{7}$ ⑤ $\dfrac{20}{21}$

02 ^{중요}

점 $(1, 2)$를 지나는 곡선 $y=f(x)$ 위의 점 (x, y)에서의 접선의 기울기가 $x+\dfrac{1}{x}$일 때, $f(e)$의 값은? (단, $x>0$)

① $\dfrac{1}{2}e^2+1$ ② $e^2-\dfrac{3}{2}$ ③ $\dfrac{1}{2}e^2+\dfrac{5}{2}$

④ e^2-1 ⑤ $\dfrac{1}{2}e^2+3$

03

함수 $f(x)=\displaystyle\int 2^x(2^x+2)dx$에 대하여 $f(1)=\dfrac{5}{\ln 2}$일 때, $f(0)$의 값은?

① $\dfrac{1}{\ln 2}$ ② $\dfrac{3}{2\ln 2}$ ③ $\dfrac{2}{\ln 2}$

④ $\dfrac{5}{2\ln 2}$ ⑤ $\dfrac{3}{\ln 2}$

04

실수 전체의 집합에서 미분가능한 함수 $f(x)$에 대하여 $f'(x)=\dfrac{e^{2x}-1}{e^x+1}$, $f(0)=1$일 때, $f(\ln 2)$의 값은?

① $3-\ln 2$ ② $2-\ln 2$ ③ $1-\ln 2$

④ $2+\ln 2$ ⑤ $3+\ln 2$

05

함수 $f(x)=\displaystyle\int(1-2\tan x)\cos x\,dx$에 대하여 $f\left(\dfrac{\pi}{4}\right)=\dfrac{3\sqrt{2}}{2}$일 때, $f\left(\dfrac{\pi}{2}\right)$의 값을 구하시오.

06

함수 $f(x)=\displaystyle\int\dfrac{1+\sin^3 x}{\sin^2 x}dx$에 대하여 $f\left(\dfrac{\pi}{4}\right)=-\dfrac{\sqrt{2}}{2}$일 때, $f\left(\dfrac{\pi}{6}\right)$의 값은?

① $\dfrac{1-3\sqrt{3}}{2}$ ② $\dfrac{2-3\sqrt{3}}{2}$ ③ $1-\sqrt{3}$

④ $\dfrac{2-\sqrt{3}}{2}$ ⑤ $\dfrac{3+\sqrt{3}}{2}$

07

부정적분 $\displaystyle\int x(x^2+1)^2\,dx$를 구하면? (단, C는 적분상수이다.)

① $2(x^2+1)^3+C$ ② $(x^2+1)^3+C$

③ $\dfrac{1}{2}(x^2+1)^3+C$ ④ $\dfrac{1}{4}(x^2+1)^3+C$

⑤ $\dfrac{1}{6}(x^2+1)^3+C$

08

함수 $f(x)=\displaystyle\int xe^{x^2}\,dx$에 대하여 $f(0)=0$일 때, $f(1)$의 값은?

① e ② $e-1$ ③ $\dfrac{1}{2}(e-1)$

④ $\dfrac{e}{2}$ ⑤ $\dfrac{1}{2}(e+1)$

09

함수 $f(x)=\displaystyle\int \dfrac{\ln x}{x}\,dx$에 대하여 $f(e)=1$일 때, $f(e^2)$의 값을 구하시오.

10 (중요)

함수 $f(x)=\displaystyle\int (\sin x+\cos x)^2\,dx-\int (\sin x-\cos x)^2\,dx$에 대하여 $f(0)=0$일 때, $f\left(\dfrac{\pi}{4}\right)$의 값을 구하시오.

11

함수 $f(x)$에 대하여 $(e^x+1)f'(x)=e^x$, $f(0)=\ln 2$일 때, $f(\ln 2)$의 값은?

① $\ln 2$ ② $\ln 3$ ③ $2\ln 2$
④ $4\ln 2$ ⑤ $3\ln 3$

12

함수 $f(x)=\displaystyle\int \dfrac{2x+3}{x+1}\,dx$에 대하여 $f(0)=1$일 때, $f(-2)$의 값은?

① -3 ② -2 ③ -1
④ 0 ⑤ 1

13

함수 $f(x)$에 대하여 $f'(x)=\dfrac{1}{(x-2)(x-1)}$, $f(0)=\ln 2$일 때, $f(3)$의 값은?

① $-\ln 2$ ② $-\dfrac{\ln 2}{2}$ ③ 1
④ $\dfrac{\ln 2}{2}$ ⑤ $2\ln 2$

14 (중요)

부정적분 $\displaystyle\int \ln x\,dx$를 구하면? (단, C는 적분상수이다.)

① $x\ln x-x+C$ ② $x\ln x+x+C$
③ $\dfrac{1}{2}x\ln x-x+C$ ④ $\dfrac{1}{2}x\ln x+x+C$
⑤ $\dfrac{1}{2}x^2\ln x+x+C$

15

실수 k에 대하여 함수 $f(x)=\displaystyle\int (x+k)e^x\,dx$가 $f'(2)=0$, $f(0)=3$을 만족시킬 때, $f(3)$의 값을 구하시오.

16

미분가능한 함수 $f(x)$의 한 부정적분을 $F(x)$라 할 때, $F(x)=xf(x)-x^2e^x$이다. $f(0)=1$일 때, $f(1)$의 값은?

① 1 ② e ③ $2e$
④ $3e$ ⑤ $4e$

02 정적분

정답과 풀이 53쪽

개념 ① 정적분 (중요)

(1) 정적분의 정의 [유형 01]

함수 $f(x)$가 닫힌구간 $[a, b]$에서 연속일 때, $f(x)$의 한 부정적분을 $F(x)$라 하면

$$\int_a^b f(x)dx=\Big[F(x)\Big]_a^b=F(b)-F(a) \quad \leftarrow f(x)\text{의 }a\text{에서 }b\text{까지의 정적분}$$

(2) 정적분의 성질 [유형 02]

두 함수 $f(x)$, $g(x)$가 임의의 세 실수 a, b, c를 포함하는 닫힌구간에서 연속일 때

① $\displaystyle\int_a^b kf(x)dx=k\int_a^b f(x)dx$ (단, k는 상수)

② $\displaystyle\int_a^b \{f(x)\pm g(x)\}dx=\int_a^b f(x)dx\pm\int_a^b g(x)dx$ (복부호동순)

③ $\displaystyle\int_a^b f(x)dx=\int_a^c f(x)dx+\int_c^b f(x)dx \quad \leftarrow a, b, c\text{의 대소에 관계없이 성립한다.}$

개념 Plus ⊕

$$\cdot \Big[F(x)+C\Big]_a^b$$
$$=\{F(b)+C\}-\{F(a)+C\}$$
$$=F(b)-F(a)$$
$$=\Big[F(x)\Big]_a^b$$

이므로 정적분의 계산에서 적분상수는 고려하지 않는다.

$$\cdot \int_a^a f(x)dx=0$$
$$\int_a^b f(x)dx=-\int_b^a f(x)dx$$

개념 Check

1. 다음 정적분의 값을 구하시오.

(1) $\displaystyle\int_{-1}^1 e^x dx$ (2) $\displaystyle\int_0^{\frac{\pi}{2}} \sin x\, dx$ (3) $\displaystyle\int_1^8 4\sqrt[3]{x}\, dx$ (4) $\displaystyle\int_1^3 (2^x+4^x)dx$

유형 01 정적분의 계산

다음 정적분의 값을 구하시오.

(1) $\displaystyle\int_{-1}^1 (e^x-e^{-x})dx$ (2) $\displaystyle\int_0^{\frac{\pi}{4}} (\sec^2 x+\cos x)dx$

01-1 정적분 $\displaystyle\int_1^2 \frac{x+1}{x^2}dx$의 값은?

① $\ln 2-\dfrac{1}{2}$ ② $\ln 2-\dfrac{1}{4}$ ③ $\ln 2+\dfrac{1}{4}$ ④ $\ln 2+\dfrac{1}{2}$ ⑤ $2\ln 2-\dfrac{1}{4}$

유형 02 정적분의 성질

정적분 $\displaystyle\int_0^1 (e^x+1)^2 dx-\int_0^1 (e^x-1)^2 dx$의 값은?

① $2e-2$ ② $2e-1$ ③ $4e-4$ ④ $4e-2$ ⑤ $4e-1$

해결 Point

$$\int_a^b f(x)dx-\int_a^b g(x)dx$$
$$=\int_a^b \{f(x)-g(x)\}dx$$
임을 이용한다.

02-1 정적분 $\displaystyle\int_0^1 (2^x+2x)dx-\int_3^1 (2^x+2x)dx$의 값은?

① $\dfrac{5}{\ln 2}+7$ ② $\dfrac{7}{\ln 2}+8$ ③ $\dfrac{8}{\ln 2}+8$ ④ $\dfrac{7}{\ln 2}+9$ ⑤ $\dfrac{8}{\ln 2}+9$

개념 ② 우함수, 기함수, 주기함수의 정적분

(1) 우함수와 기함수의 정적분 유형 03

함수 $f(x)$가 닫힌구간 $[-a,\ a]$에서 연속일 때

① $f(-x)=f(x)$, 즉 $f(x)$가 우함수이면 $\displaystyle\int_{-a}^{a}f(x)dx=2\int_{0}^{a}f(x)dx$

② $f(-x)=-f(x)$, 즉 $f(x)$가 기함수이면 $\displaystyle\int_{-a}^{a}f(x)dx=0$

(2) 주기함수의 정적분 유형 04

주기가 p인 연속함수 $f(x)$에 대하여

① $\displaystyle\int_{a}^{b}f(x)dx=\int_{a+p}^{b+p}f(x)dx$ 　　　　② $\displaystyle\int_{a}^{a+p}f(x)dx=\int_{b}^{b+p}f(x)dx$

개념 Plus

- 우함수의 그래프는 y축에 대하여 대칭이다.
  예 $1,\ x^2,\ x^4,\ \cos x$
- 기함수의 그래프는 원점에 대하여 대칭이다.
  예 $x,\ x^3,\ \sin x,\ \tan x$

- 주기가 p인 함수 $f(x)$는
  $$f(x+p)=f(x)$$
  를 만족시킨다.

유형 03 　우함수와 기함수의 정적분

다음 정적분의 값을 구하시오.

(1) $\displaystyle\int_{-2}^{2}(x^3+\tan x)dx$ 　　　　　(2) $\displaystyle\int_{-\pi}^{\pi}\sin x\cos x\,dx$

해결 Point

① (우함수)×(우함수)=(우함수)
② (우함수)×(기함수)=(기함수)
③ (기함수)×(기함수)=(우함수)

03-1 정적분 $\displaystyle\int_{-\frac{\pi}{4}}^{\frac{\pi}{4}}2\cos x(1+\tan x)dx$의 값은?

① 0 　　　② $\sqrt{2}$ 　　　③ 2 　　　④ $2\sqrt{2}$ 　　　⑤ 4

유형 04 　주기함수의 정적분

임의의 실수 a에 대하여 정적분 $\displaystyle\int_{a}^{a+2\pi}\cos x\,dx$의 값은?

① 0 　　　② $\dfrac{1}{2}$ 　　　③ 1 　　　④ $\dfrac{3}{2}$ 　　　⑤ 2

04-1 주기가 2인 연속함수 $f(x)$에 대하여 $\displaystyle\int_{0}^{1}f(x)dx=\frac{1}{2}$, $\displaystyle\int_{0}^{2}f(x)dx=1$일 때, 두 정적분 $\displaystyle\int_{2}^{3}f(x)dx$, $\displaystyle\int_{3}^{5}f(x)dx$의 값을 각각 구하시오.

해결 Point

주기가 p인 함수 $f(x)$에 대하여
$$\int_{a}^{b}f(x)dx=\int_{a+p}^{b+p}f(x)dx$$

개념 ③ 치환적분법과 부분적분법을 이용한 정적분

(1) 치환적분법을 이용한 정적분 유형 05

닫힌구간 $[a,\ b]$에서 연속인 함수 $f(x)$에 대하여 미분가능한 함수 $x=g(t)$의 도함수 $g'(t)$가 닫힌구간 $[\alpha,\ \beta]$에서 연속이고 $a=g(\alpha),\ b=g(\beta)$이면

$$\int_a^b f(x)dx=\int_\alpha^\beta f(g(t))g'(t)dt$$

- 삼각치환법을 이용한 정적분

  (1) 피적분함수가 $a^2-x^2\ (a>0)$ 꼴을 포함하면

  $x=a\sin\theta\left(-\dfrac{\pi}{2}\leq\theta\leq\dfrac{\pi}{2}\right)$로 치환한 후 $\sin^2\theta+\cos^2\theta=1$임을 이용한다.

  (2) 피적분함수가 $a^2+x^2\ (a>0)$ 꼴을 포함하면

  $x=a\tan\theta\left(-\dfrac{\pi}{2}<\theta<\dfrac{\pi}{2}\right)$로 치환한 후 $\tan^2\theta+1=\sec^2\theta$임을 이용한다.

(2) 부분적분법을 이용한 정적분 유형 06

두 함수 $f(x),\ g(x)$가 미분가능하고, $f'(x),\ g'(x)$가 연속일 때

$$\int_a^b f(x)g'(x)dx=\Big[f(x)g(x)\Big]_a^b-\int_a^b f'(x)g(x)dx$$

개념 Plus

- 치환적분법을 이용하여 정적분을 구할 때는 구간의 양 끝 값을 바꾸어 대입하는 것에 주의한다.

- 미분한 결과가 간단한 함수를 $f(x)$로, 적분하기 쉬운 함수를 $g'(x)$로 놓는다.

유형 05 치환적분법을 이용한 정적분

다음 정적분의 값을 구하시오.

(1) $\displaystyle\int_1^e \dfrac{(\ln x)^3}{x}dx$

(2) $\displaystyle\int_0^1 2e^{2x}dx$

05-1 다음 정적분의 값을 구하시오.

(1) $\displaystyle\int_{-1}^1 \dfrac{1}{\sqrt{4-x^2}}dx$

(2) $\displaystyle\int_0^3 \dfrac{1}{9+x^2}dx$

해결 Point

(1) $x=2\sin\theta\left(-\dfrac{\pi}{2}<\theta<\dfrac{\pi}{2}\right)$

　로 치환한다.

(2) $x=3\tan\theta\left(-\dfrac{\pi}{2}<\theta<\dfrac{\pi}{2}\right)$

　로 치환한다.

유형 06 부분적분법을 이용한 정적분

다음 정적분의 값을 구하시오.

(1) $\displaystyle\int_0^{\frac{\pi}{2}} x\sin x\,dx$

(2) $\displaystyle\int_1^e x\ln x\,dx$

06-1 정적분 $\displaystyle\int_0^2 (x+1)e^x\,dx$의 값을 구하시오.

개념 ④ 정적분으로 정의된 함수

(1) 정적분으로 정의된 함수의 미분 유형 07

① $\dfrac{d}{dx}\displaystyle\int_a^x f(t)\,dt = f(x)$ (단, a는 실수)

② $\dfrac{d}{dx}\displaystyle\int_x^{x+a} f(t)\,dt = f(x+a) - f(x)$ (단, a는 실수)

(2) 정적분으로 정의된 함수의 극한 유형 08

① $\displaystyle\lim_{x\to a}\dfrac{1}{x-a}\int_a^x f(t)\,dt = f(a)$

② $\displaystyle\lim_{x\to 0}\dfrac{1}{x}\int_a^{x+a} f(t)\,dt = f(a)$

개념 Plus 

・함수 $f(x)$의 한 부정적분을 $F(x)$라 하면

$$\dfrac{d}{dx}\int_x^{x+a} f(t)\,dt$$
$$=\dfrac{d}{dx}\{F(x+a)-F(x)\}$$
$$=f(x+a)-f(x)$$

개념 Check

1. 다음을 구하시오.

(1) $\dfrac{d}{dx}\displaystyle\int_1^x \sin t\,dt$

(2) $\dfrac{d}{dx}\displaystyle\int_x^{x+1} e^t\,dt$

유형 07 정적분으로 정의된 함수의 미분

모든 실수 x에 대하여 연속인 함수 $f(x)$가 $\displaystyle\int_a^x f(t)\,dt = e^x - 6$을 만족시킬 때, $a + f(a)$의 값을 구하시오. (단, a는 실수이다.)

・해결 Point・

$\displaystyle\int_a^x f(t)\,dt = e^x - 6$의 양변을 미분하면 $f(x) = e^x$임을 이용한다.

07-1 모든 실수 x에 대하여 연속인 함수 $f(x)$가 $\displaystyle\int_0^x f(t)\,dt = e^x + ax + a$를 만족시킬 때, $f(\ln 2)$의 값은? (단, a는 상수이다.)

① 1 ② 2 ③ e ④ 3 ⑤ $2e$

유형 08 정적분으로 정의된 함수의 극한

$\displaystyle\lim_{x\to 0}\dfrac{1}{x}\int_0^x \cos\left(t+\dfrac{\pi}{2}\right)dt$의 값은?

① $-\pi$ ② -1 ③ 0 ④ 1 ⑤ π

08-1 $f(x) = e^x \sin\dfrac{\pi}{2}x + 3x^2 + 4$일 때, $\displaystyle\lim_{x\to 2}\dfrac{1}{x^2-4}\int_2^x f(t)\,dt$의 값을 구하시오.

대표 유형 다지기

정답과 풀이 55쪽

01

등식 $\displaystyle\int_0^1 (k-\sqrt{x})(k^2+k\sqrt{x}+x)dx=\frac{3}{5}$ 을 만족시키는 상수 k의 값은?

① $\dfrac{1}{5}$ 　　② $\dfrac{1}{4}$ 　　③ $\dfrac{1}{3}$

④ $\dfrac{1}{2}$ 　　⑤ 1

02 중요

$\displaystyle\int_0^k (\sec^2 x+e^{3x})dx-\int_0^k (e^{3x}-\sec^2 x)dx=2$ 일 때, 상수 k의 값을 구하시오. $\left(\text{단, } 0<k<\dfrac{\pi}{2}\right)$

03

함수 $f(x)=\dfrac{1}{x}$ 에 대하여

$$\int_1^3 f(x)dx-\int_5^3 f(t)dt-\int_2^5 f(s)ds$$

의 값을 구하시오.

04

정적분 $\displaystyle\int_{-1}^1 |e^x-1|\,dx$ 의 값은?

① $e+\dfrac{1}{e}-2$ 　　② $e+\dfrac{1}{e}-1$ 　　③ $e+\dfrac{1}{e}$

④ $e+\dfrac{1}{e}+1$ 　　⑤ $e+\dfrac{1}{e}+2$

05

정적분 $\displaystyle\int_0^\pi |\sin x-\cos x|\,dx$ 의 값을 k라 할 때, k^2의 값을 구하시오.

06

정적분 $\displaystyle\int_{-\pi}^\pi (x\cos 3x+\sin 2x)dx$ 의 값은?

① $-\pi$ 　　② $-\dfrac{\pi}{2}$ 　　③ 0

④ $\dfrac{\pi}{2}$ 　　⑤ π

07

실수 전체의 집합에서 미분가능한 함수 $f(x)$가 다음 조건을 만족시킬 때, 정적분 $\displaystyle\int_{-2}^4 f(x)dx$ 의 값을 구하시오.

> (개) 모든 실수 x에 대하여 $f'(x)>0$이고, $f(-x)=-f(x)$ 가 성립한다.
>
> (내) $\displaystyle\int_2^4 |f(x)|\,dx=3$

08

정적분 $\displaystyle\int_e^{e^2} \dfrac{3(\ln x)^2}{x}\,dx$ 의 값은?

① 6 　　② 7 　　③ 8

④ 9 　　⑤ 10

09

정적분 $\displaystyle\int_0^{\frac{\pi}{2}} \sin x \cos x(\sin x+1)\,dx$의 값은?

① $\dfrac{1}{6}$　　　② $\dfrac{1}{3}$　　　③ $\dfrac{1}{2}$

④ $\dfrac{2}{3}$　　　⑤ $\dfrac{5}{6}$

10

$\displaystyle\int_0^3 \dfrac{2x-1}{x^2-x+1}\,dx=\ln k$일 때, 상수 k의 값을 구하시오.

11

정적분 $\displaystyle\int_0^1 \dfrac{1}{1+x^2}\,dx$의 값은?

① $\dfrac{\pi}{6}$　　　② $\dfrac{\pi}{4}$　　　③ $\dfrac{\pi}{3}$

④ $\dfrac{\pi}{2}$　　　⑤ π

12

정적분 $\displaystyle\int_0^{\frac{\pi}{2}} x \cos 2x\,dx$의 값을 구하시오.

13 중요

정적분 $\displaystyle\int_1^e (\ln x)^2\,dx$의 값은?

① $e-2$　　　② e　　　③ $e+2$

④ $2e-2$　　　⑤ $2e+2$

14

모든 실수 x에 대하여 함수 $f(x)$가

$$f(x)=e^x+x-\int_0^x te^t\,dt$$

를 만족시킬 때, $f(0)+f'(0)$의 값은?

① 1　　　② 2　　　③ 3

④ 4　　　⑤ 5

15

함수 $f(x)$가 등식 $f(x)=e^x+\displaystyle\int_0^2 f(t)\,dt$를 만족시킬 때, $f(2)$의 값은?

① 1　　　② 2　　　③ e

④ $2e$　　　⑤ e^2

16

연속함수 $f(x)$가 모든 실수 x에 대하여

$$f(x)=5x\cos x+\int_0^{\frac{\pi}{2}} f(t)\,dt$$

를 만족시킬 때, $f(0)$의 값은?

① -5　　　② -3　　　③ -1

④ 3　　　⑤ 5

17

함수 $f(x)=\displaystyle\int_0^x (e^{2t}+e^t+1)\,dt$에 대하여 $\displaystyle\lim_{x\to 0}\dfrac{f(x)}{x}$의 값은?

① 1　　　② $\dfrac{3}{2}$　　　③ 2

④ $\dfrac{5}{2}$　　　⑤ 3

03 정적분의 활용

Ⅲ. 적분법 · 교과서 핵심 개념별 **대표 유형 익히기**

개념 ① 정적분과 급수의 합 사이의 관계

(1) 정적분과 급수의 합 사이의 관계

함수 $f(x)$가 닫힌구간 $[a, b]$에서 연속일 때,

$$\int_a^b f(x)\,dx = \lim_{n \to \infty} \sum_{k=1}^{n} f(x_k)\Delta x$$

$$\left(\text{단, } \Delta x = \frac{b-a}{n}, \ x_k = a + k\Delta x\right)$$

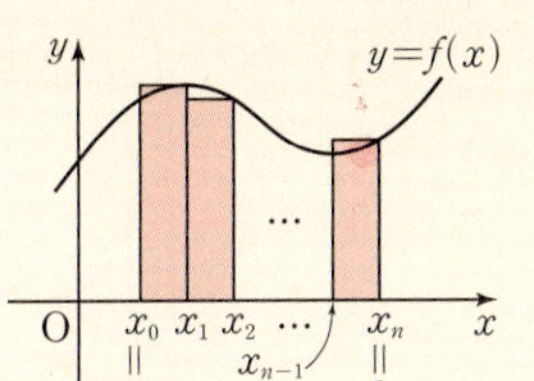

참고 구간 $[a, b]$에서 $f(x) \geq 0$이면 위의 등식은 곡선 $y=f(x)$와 x축 및 두 직선 $x=a$, $x=b$로 둘러싸인 도형의 넓이가 구분구적법으로 구한 넓이, 즉 구간 $[a, b]$를 n등분하여 얻은 n개의 직사각형의 넓이의 합의 극한값과 같음을 의미한다.

개념 Plus⁺

• **구분구적법**
어떤 도형의 넓이(또는 부피)를 그 도형을 간단한 도형으로 잘게 나누어 넓이(또는 부피)의 합의 극한값으로 구하는 방법

유형 ⓵ 정적분과 급수의 합 사이의 관계

다음은 $\int_0^2 x^2\,dx$의 값을 급수의 합을 이용하여 구하는 과정이다. (개), (내)에 알맞은 수를 순서대로 나열한 것은?

> $f(x) = x^2$이라 하면 함수 $f(x)$는 닫힌구간 $[0, 2]$에서 연속이다.
>
> $\Delta x = \dfrac{2-0}{n} = \dfrac{2}{n}$로 놓으면
>
> $x_k = 0 + k\Delta x = \dfrac{2k}{n}$, $f(x_k) = x_k^2 = \left(\dfrac{2k}{n}\right)^2$이므로
>
> $\displaystyle\int_0^2 x^2\,dx = \lim_{n \to \infty} \sum_{k=1}^{n} f(x_k)\Delta x = \lim_{n \to \infty} \sum_{k=1}^{n} \left(\dfrac{2k}{n}\right)^2 \times \dfrac{2}{n}$
>
> $\quad = \lim_{n \to \infty} \dfrac{8}{n^3} \sum_{k=1}^{n} k^2 = \cdots = \boxed{(개)} \times \lim_{n \to \infty} \left(1 + \dfrac{1}{n}\right)\left(2 + \dfrac{1}{n}\right) = \boxed{(내)}$

① $\dfrac{3}{2}$, 3 ② $\dfrac{3}{2}$, $\dfrac{9}{2}$ ③ $\dfrac{4}{3}$, $\dfrac{8}{3}$ ④ $\dfrac{4}{3}$, 4 ⑤ $\dfrac{5}{4}$, $\dfrac{5}{2}$

· 해결 Point ·

$\int_0^2 x^2\,dx$의 값, 즉 곡선 $y=x^2$과 x축 및 직선 $x=2$로 둘러싸인 도형의 넓이는 구분구적법에 의하여 그림과 같이 구간 $[0, 2]$를 n등분하여 얻은

가로의 길이가 $\dfrac{2}{n}$,

세로의 길이가 $\left(\dfrac{2k}{n}\right)^2$

$\quad (k=1, 2, 3, \cdots, n)$

인 n개의 직사각형의 넓이의 합의 극한값

$$\lim_{n \to \infty} \sum_{k=1}^{n} \left(\dfrac{2k}{n}\right)^2 \times \dfrac{2}{n}$$

로 구할 수 있다.

01-1 다음은 $\int_0^3 (-x)\,dx$의 값을 급수의 합을 이용하여 구하는 과정이다. (개), (내)에 알맞은 식을 순서대로 $f(n)$, $g(n)$이라 할 때, $f(3) + g(3)$의 값은?

> $h(x) = -x$라 하면 함수 $h(x)$는 닫힌구간 $[0, 3]$에서 연속이다.
>
> $\Delta x = \dfrac{3-0}{n} = \dfrac{3}{n}$으로 놓으면 $x_k = 0 + k\Delta x = \dfrac{3k}{n}$이므로
>
> $\displaystyle\int_0^3 (-x)\,dx = \lim_{n \to \infty} \sum_{k=1}^{n} \left(-\dfrac{3k}{n}\right) \times \boxed{(개)} = -9 \lim_{n \to \infty} \dfrac{1}{n^2} \sum_{k=1}^{n} k = \cdots$
>
> $\quad = -\dfrac{9}{2} \lim_{n \to \infty} \left(1 + \boxed{(내)}\right) = -\dfrac{9}{2}$

① $\dfrac{1}{3}$ ② $\dfrac{2}{3}$ ③ 1 ④ $\dfrac{4}{3}$ ⑤ $\dfrac{5}{3}$

· 해결 Point ·

$h(x) = -x$라 하면
$$\int_0^3 (-x)\,dx = \lim_{n \to \infty} \sum_{k=1}^{n} h(x_k)\Delta x$$
임을 이용한다.

개념 ② 정적분을 이용한 급수의 계산

(1) 정적분을 이용한 급수의 계산 유형 02

① $\displaystyle\lim_{n\to\infty}\sum_{k=1}^{n}f\left(\frac{k}{n}\right)\times\frac{1}{n}=\int_{0}^{1}f(x)dx$ ➡ $x=\dfrac{k}{n}$인 경우

② $\displaystyle\lim_{n\to\infty}\sum_{k=1}^{n}f\left(a+\frac{p}{n}k\right)\times\frac{p}{n}=\int_{a}^{a+p}f(x)dx=\int_{0}^{p}f(a+x)dx$ ➡ $x=\dfrac{p}{n}k$인 경우

③ $\displaystyle\lim_{n\to\infty}\sum_{k=1}^{n}f\left(a+\frac{b-a}{n}k\right)\times\frac{b-a}{n}=\int_{a}^{b}f(x)dx$ ➡ $x=a+\dfrac{b-a}{n}k$인 경우

개념 Plus➕

• 급수를 정적분으로 나타낼 때에는 다음과 같은 순서로 하며, 보통은 ①의 경우로 많이 나타낸다.
❶ 적분변수를 정한다.
❷ 적분구간을 구한다.
❸ 정적분으로 나타낸다.

유형 ⓪2 정적분을 이용한 급수의 계산

정적분을 이용하여 $\displaystyle\lim_{n\to\infty}\sum_{k=1}^{n}\frac{1}{n+k}$의 값을 구하시오.

02-1 $\displaystyle\lim_{n\to\infty}\left(e^{\frac{1}{n}}\times\frac{3}{n}+e^{\frac{2}{n}}\times\frac{3}{n}+e^{\frac{3}{n}}\times\frac{3}{n}+\cdots+e^{\frac{n}{n}}\times\frac{3}{n}\right)$의 값은?

① $e-1$ ② $2(e-1)$ ③ $3(e-1)$
④ $4(e-1)$ ⑤ $5(e-1)$

02-2 $\displaystyle\lim_{n\to\infty}\sum_{k=1}^{n}\frac{1}{n}\cos\frac{k\pi}{n}$의 값은?

① 0 ② $\dfrac{1}{\pi}$ ③ $\dfrac{2}{\pi}$ ④ $\dfrac{3}{\pi}$ ⑤ π

02-3 $\displaystyle\lim_{n\to\infty}\sum_{k=1}^{n}\frac{2}{\sqrt{n}}\times\frac{1}{\sqrt{k}}$의 값은?

① 1 ② 2 ③ 3 ④ 4 ⑤ 5

• 해결 Point •

$\displaystyle\lim_{n\to\infty}\sum_{k=1}^{n}\frac{2}{\sqrt{n}}\times\frac{1}{\sqrt{k}}$

$=2\displaystyle\lim_{n\to\infty}\sum_{k=1}^{n}\frac{1}{\sqrt{\dfrac{k}{n}}}\times\frac{1}{n}$

임을 이용한다.

개념 ③ 곡선과 좌표축 사이의 넓이 

(1) **곡선과 x축 사이의 넓이** 〔유형 03〕

함수 $y=f(x)$가 닫힌구간 $[a,\ b]$에서 연속일 때, 곡선 $y=f(x)$와
x축 및 두 직선 $x=a$, $x=b$로 둘러싸인 도형의 넓이 S는

$$S=\int_a^b |f(x)|\,dx$$

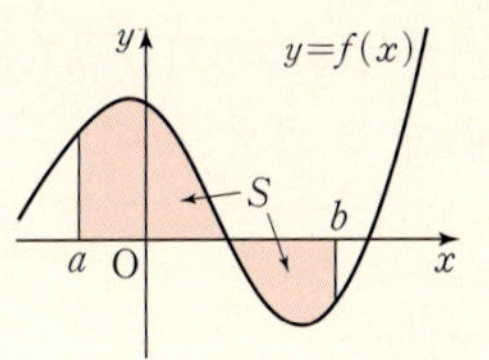

(2) **곡선과 y축 사이의 넓이** 〔유형 04〕

함수 $x=g(y)$가 닫힌구간 $[c,\ d]$에서 연속일 때, 곡선 $x=g(y)$와 y축
및 두 직선 $y=c$, $y=d$로 둘러싸인 도형의 넓이 S는

$$S=\int_c^d |g(y)|\,dy$$

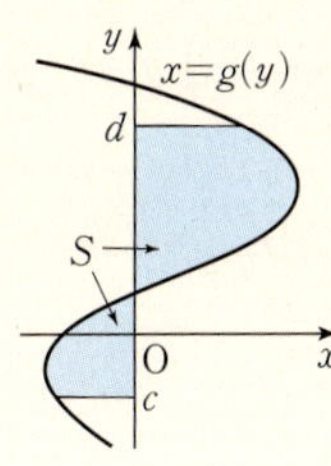

개념 Plus
• 구간 $[a,\ b]$에서 $f(x) \le 0$이면
$$S=\int_a^b \{-f(x)\}\,dx$$

유형 ⑬ 곡선과 x축 사이의 넓이

곡선 $y=e^x-1$과 x축 및 두 직선 $x=-1$, $x=3$으로 둘러싸인 도형의 넓이를 구하시오.

해결 Point
곡선과 x축의 교점을 찾아 곡선의 개형을 그려 보고, 적분 구간을 나눈다.

03-1 곡선 $y=\sin \pi x$와 x축으로 둘러싸인 도형의 넓이는? (단, $-3 \le x \le 3$)

① $\dfrac{4}{\pi}$ ② $\dfrac{6}{\pi}$ ③ $\dfrac{8}{\pi}$ ④ $\dfrac{10}{\pi}$ ⑤ $\dfrac{12}{\pi}$

유형 ⑭ 곡선과 y축 사이의 넓이

곡선 $y=\ln x$와 y축 및 두 직선 $y=0$, $y=\ln 3$으로 둘러싸인 도형의 넓이를 구하시오.

해결 Point
$y=\ln x$를 $x=g(y)$ 꼴로 변형한다.

04-1 곡선 $y=\sqrt{x}$와 y축 및 직선 $y=3$으로 둘러싸인 도형의 넓이는?

① 6   ② 7   ③ 8   ④ 9   ⑤ 10

개념 **4** 두 곡선 사이의 넓이

(1) 두 곡선 사이의 넓이 유형 05

① 두 함수 $y=f(x)$, $y=g(x)$가 닫힌구간 $[a, b]$에서 연속일 때, 두 곡선 $y=f(x)$, $y=g(x)$와 두 직선 $x=a$, $x=b$로 둘러싸인 도형의 넓이 S는

$$S=\int_a^b |f(x)-g(x)|\,dx$$

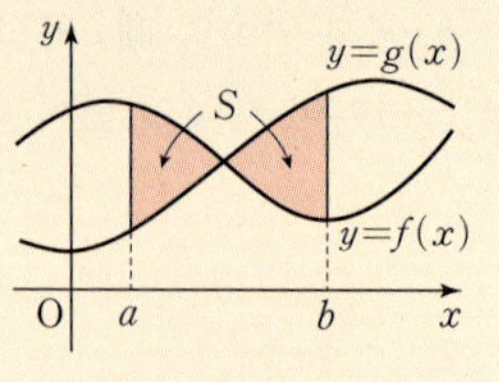

② 두 함수 $x=f(y)$, $x=g(y)$가 닫힌구간 $[c, d]$에서 연속일 때, 두 곡선 $x=f(y)$, $x=g(y)$와 두 직선 $y=c$, $y=d$로 둘러싸인 도형의 넓이 S는

$$S=\int_c^d |f(y)-g(y)|\,dy$$

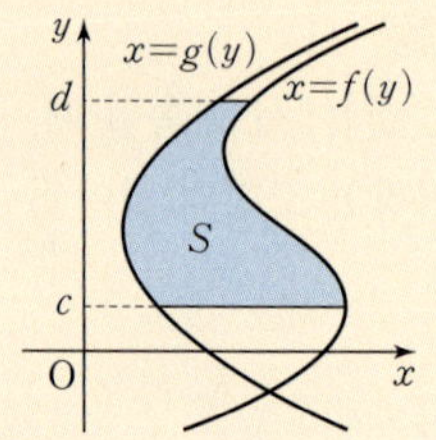

개념 Plus

· 구간 $[a, b]$에서 $f(x)$와 $g(x)$의 대소 관계가 바뀔 때에는 $f(x)-g(x)$의 값이 양수인 구간과 음수인 구간으로 나누어 넓이를 구한다.

유형 05 두 곡선 사이의 넓이

두 곡선 $y=\sin x$, $y=\cos x$와 두 직선 $x=0$, $x=\pi$로 둘러싸인 도형의 넓이를 구하시오.

· 해결 Point ·

두 곡선을 그려 위치 관계를 파악한다.

05-1 두 곡선 $y=e^x$, $y=e^{-x}$과 직선 $x=2$로 둘러싸인 도형의 넓이를 구하시오.

05-2 두 곡선 $y=\ln x$, $y=\ln 2x$와 두 직선 $x=1$, $x=2$로 둘러싸인 도형의 넓이는?

① $\ln 2$　　② $2\ln 2$　　③ 2　　④ e　　⑤ $2e$

05-3 오른쪽 그림과 같이 곡선 $f(x)=\dfrac{2x}{x^2+1}$와 직선 $y=\dfrac{1}{2}x$로 둘러싸인 도형의 넓이는?

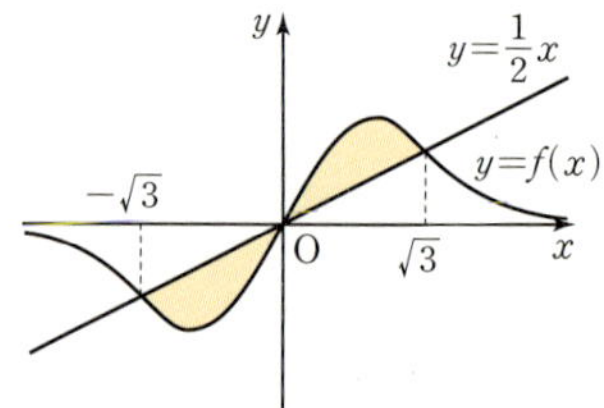

① $4\ln 2-\dfrac{1}{2}$　　　② $4\ln 2-\dfrac{3}{2}$

③ $2\ln 2-\dfrac{1}{2}$　　　④ $2\ln 2-\dfrac{3}{2}$

⑤ $2\ln 2-2$

개념 ⑤ 입체도형의 부피

(1) 입체도형의 부피 유형 06

닫힌구간 $[a,\ b]$에 속하는 x좌표가 x인 점에서 x축에 수직인 평면으로 자른 단면의 넓이가 $S(x)$인 입체도형의 부피 V는

$$V=\int_a^b S(x)dx\ (단,\ S(x)는\ 구간\ [a,\ b]에서\ 연속)$$

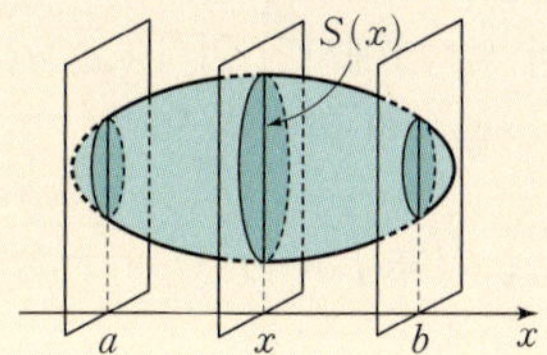

개념 Plus➕

• 입체도형의 부피를 구하는 순서
❶ x축(기준선)을 정한다.
❷ x축에 수직인 평면으로 자른 단면의 넓이 $S(x)$를 구한다.
❸ x의 값의 범위 $a\le x\le b$를 구한다.
❹ $\int_a^b S(x)dx$를 계산한다.

유형 06 입체도형의 부피

물탱크에 물을 채우는데 물의 높이가 x cm일 때, 수면의 넓이는 (e^x+5) cm²라 한다. 물의 높이가 10 cm일 때, 물탱크에 채워진 물의 부피를 구하시오.

06-1 어떤 조형물은 바닥으로부터 높이가 x일 때, 그 단면의 넓이가 $\sqrt{2x}$라 한다. 이 조형물의 높이가 10일 때, 조형물의 부피는?

① $\dfrac{34}{3}\sqrt{5}$　　② $12\sqrt{5}$　　③ $\dfrac{38}{3}\sqrt{5}$　　④ $\dfrac{40}{3}\sqrt{5}$　　⑤ $14\sqrt{5}$

06-2 높이가 3인 입체도형을 밑면으로부터 x인 지점에서 밑면에 평행한 평면으로 자른 단면은 한 변의 길이가 $\sqrt{9-x^2}$인 정사각형이다. 이 입체도형의 부피를 구하시오.

해결 Point

x좌표가 $x\ (0\le x\le 3)$인 점을 지나고 x축에 수직인 평면으로 자른 단면의 넓이는
$S(x)=9-x^2$

06-3 곡선 $y=2\tan x$와 x축 및 직선 $x=\dfrac{\pi}{6}$로 둘러싸인 도형을 밑면으로 하고, x축에 수직인 평면으로 자른 단면의 모양이 정삼각형인 입체도형의 부피는?

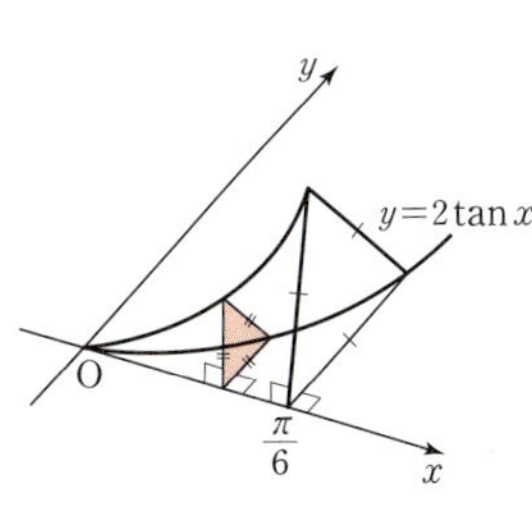

① $1-\dfrac{\sqrt{3}}{6}\pi$　　② $1-\dfrac{\sqrt{3}}{3}\pi$　　③ $2-\dfrac{\sqrt{3}}{6}\pi$

④ $2-\dfrac{\sqrt{3}}{3}\pi$　　⑤ $3-\dfrac{\sqrt{3}}{6}\pi$

개념 **6** 속도와 거리

(1) **평면 운동에서의 움직인 거리** 유형 07

좌표평면 위를 움직이는 점 P의 시각 t에서의 위치 (x, y)가 $x=f(t)$, $y=g(t)$로 주어졌을 때, 시각 $t=a$에서 $t=b$까지 점 P가 움직인 거리 s는

$$s=\int_a^b \sqrt{\left(\frac{dx}{dt}\right)^2+\left(\frac{dy}{dt}\right)^2}\,dt=\int_a^b \sqrt{\{f'(t)\}^2+\{g'(t)\}^2}\,dt \quad \leftarrow \text{속력의 적분}$$

(2) **곡선의 길이** 유형 08

① 매개변수 t로 나타낸 곡선 $x=f(t)$, $y=g(t)\,(a\le t\le b)$의 길이 l은

$$l=\int_a^b \sqrt{\left(\frac{dx}{dt}\right)^2+\left(\frac{dy}{dt}\right)^2}\,dt=\int_a^b \sqrt{\{f'(t)\}^2+\{g'(t)\}^2}\,dt$$

② 곡선 $y=f(x)\,(a\le x\le b)$의 길이 l은

$$l=\int_a^b \sqrt{1+\{f'(x)\}^2}\,dx \quad \leftarrow \begin{array}{l} x=t, y=f(t)\,(a\le t\le b)\text{로 나타낼 수 있으므로} \\ \frac{dx}{dt}=1, \frac{dy}{dt}=f'(t) \end{array}$$

> **개념 Plus** 
>
> • **직선 위를 움직이는 점의 위치와 움직인 거리**
>
> 수직선 위를 움직이는 점 P의 시각 t에서의 속도가 $v(t)$이고 시각 $t=0$에서의 위치가 x_0일 때,
>
> ① 시각 t에서의 점 P의 위치 x는
> $$x=x_0+\int_0^t v(t)\,dt$$
>
> ② 시각 $t=a$에서 $t=b$까지 점 P가 움직인 거리 s는
> $$s=\int_a^b |v(t)|\,dt$$

개념 Check

1. 원점을 출발하여 수직선 위를 움직이는 점 P의 시각 t에서의 속도가 $v(t)=\pi\sin\pi t$일 때, 다음을 구하시오.

   (1) 시각 t에서의 점 P의 위치

   (2) 시각 $t=1$에서 $t=2$까지 점 P가 움직인 거리

유형 **07** 평면 운동에서의 움직인 거리

좌표평면 위를 움직이는 점 P의 시각 t에서의 위치 (x, y)가 $x=\sqrt{2}\,t^2$, $y=\frac{1}{3}t^3-2t$일 때, 시각 $t=1$에서 $t=4$까지 점 P가 움직인 거리를 구하시오.

> **해결 Point**
>
> 시각 $t=a$에서 $t=b$까지 점 P가 움직인 거리는
> $$\int_a^b \sqrt{\left(\frac{dx}{dt}\right)^2+\left(\frac{dy}{dt}\right)^2}\,dt$$
> 이다.

07-1 좌표평면 위를 움직이는 점 P의 시각 t에서의 위치 (x, y)가 $x=2-\cos 2t$, $y=1+\sin 2t$일 때, 시각 $t=0$에서 $t=\pi$까지 점 P가 움직인 거리를 구하시오.

유형 **08** 곡선의 길이

$0\le t\le 2\pi$에서 곡선 $x=t\sin t+\cos t$, $y=t\cos t-\sin t$의 길이는?

① $\dfrac{\pi}{2}$ ② π ③ 2π ④ π^2 ⑤ $2\pi^2$

> **해결 Point**
>
> 곡선 $x=f(t), y=g(t)\,(a\le t\le b)$의 길이는
> $$\int_a^b \sqrt{\left(\frac{dx}{dt}\right)^2+\left(\frac{dy}{dt}\right)^2}\,dt$$
> 이다.

08-1 곡선 $y=\dfrac{e^x+e^{-x}}{2}\,(0\le x\le 1)$의 길이를 구하시오.

대표 유형 다지기

정답과 풀이 61쪽

01

정적분을 이용하여 $\lim\limits_{n\to\infty} \dfrac{2}{n} \sum\limits_{k=1}^{n} \ln\left(1+\dfrac{2k}{n}\right)$의 값을 구하면?

① $3\ln 2$ ② $3\ln 2+1$ ③ $3\ln 3-2$

④ $3\ln 3$ ⑤ $3\ln 3+2$

02

$\lim\limits_{n\to\infty} \sum\limits_{k=n+1}^{2n} \dfrac{\sqrt{k}}{n\sqrt{n}} = \int_a^b \sqrt{x}\,dx$일 때, $a+b$의 값은?

(단, a, b는 상수이다.)

① 0 ② 1 ③ 2

④ 3 ⑤ 4

03 (중요)

곡선 $y=\sqrt{x+1}$과 y축 및 두 직선 $y=0$, $y=2$로 둘러싸인 도형의 넓이를 구하시오.

04 (중요)

곡선 $y=e^{2x}$과 y축 및 두 직선 $y=2$, $y=4$로 둘러싸인 도형의 넓이는?

① $1-\ln 2$ ② $2\ln 2-1$ ③ $4\ln 2-2$

④ $3\ln 2-1$ ⑤ $4\ln 2-1$

05

두 곡선 $y=\ln(x+1)$, $y=\ln 3x$와 x축으로 둘러싸인 도형의 넓이는?

① $\dfrac{1}{2}$ ② $\dfrac{5}{2}$ ③ $\dfrac{1}{6}\ln\dfrac{3}{2}$

④ $\ln\dfrac{3}{2}-\dfrac{1}{3}$ ⑤ $\ln\dfrac{3}{2}+\dfrac{1}{3}$

06 (중요)

두 곡선 $y=e^{x+2}$, $y=e^{2x}$과 y축으로 둘러싸인 도형의 넓이는?

① $\dfrac{1}{2}e^4-2e^2+\dfrac{1}{2}$ ② $\dfrac{1}{2}e^4-2e^2+1$

③ $\dfrac{1}{2}e^4-e^2+\dfrac{1}{2}$ ④ $\dfrac{1}{2}e^4-e^2+1$

⑤ $\dfrac{1}{2}(e^4-e^2+1)$

07

곡선 $y=e^x$과 원점을 지나는 이 곡선의 접선 및 y축으로 둘러싸인 도형의 넓이는?

① $\dfrac{e}{2}-2$ ② $\dfrac{e}{2}-1$ ③ $\dfrac{e}{2}$

④ $2e-1$ ⑤ $2e+1$

08

함수 $f(x)=e^{x-1}$과 그 역함수 $y=g(x)$에 대하여 두 곡선 $y=f(x)$, $y=g(x)$와 x축 및 y축으로 둘러싸인 도형의 넓이는?

① $1-\dfrac{2}{e}$ ② $1-\dfrac{1}{e}$ ③ $2-\dfrac{2}{e}$

④ $2-\dfrac{1}{e}$ ⑤ $3-\dfrac{2}{e}$

09

오른쪽 그림과 같이 곡선 $y=\sin x$와 y축 및 두 직선 $y=k$, $x=\dfrac{\pi}{2}$로 둘러싸인 두 도형의 넓이가 서로 같을 때, 상수 k의 값은? (단, $0<k<1$)

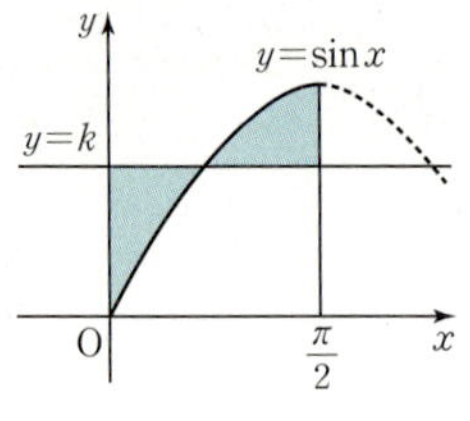

① $\dfrac{2}{3\pi}$ ② $\dfrac{1}{\pi}$ ③ $\dfrac{3}{2\pi}$

④ $\dfrac{2}{\pi}$ ⑤ $\dfrac{3}{\pi}$

10

오른쪽 그림과 같이 구간 $\left[0, \dfrac{\pi}{2}\right]$에서 곡선 $y=\cos x$와 x축으로 둘러싸인 도형이 곡선 $y=\dfrac{1}{\sqrt{3}}\sin x$에 의하여 넓이가 S_1, S_2인 두 도형으로 나누어질 때, 두 도형의 넓이의 비는 $S_1 : S_2=1 : k$이다. k의 값은?

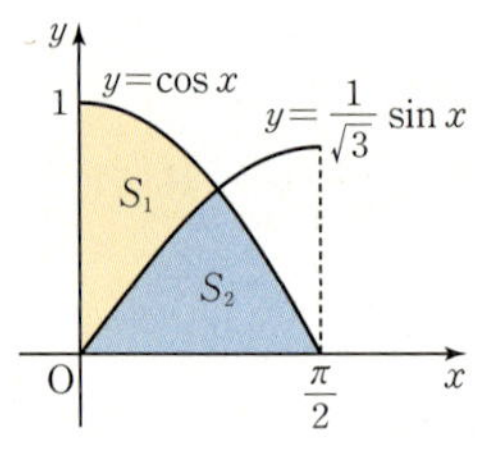

① $\sqrt{3}-1$ ② $\sqrt{3}+1$ ③ $2\sqrt{3}-1$

④ $2\sqrt{3}+1$ ⑤ $2\sqrt{3}+3$

11

높이가 $4\,\mathrm{cm}$인 입체도형을 밑면으로부터 $x\,\mathrm{cm}$인 지점에서 밑면에 평행한 평면으로 자른 단면은 반지름의 길이가 $(\sqrt{3})^x\,\mathrm{cm}$인 원이다. 이 입체도형의 부피가 $\dfrac{q}{\ln p}\pi\,\mathrm{cm}^3$일 때, $p+q$의 값을 구하시오. (단, p, q는 최소의 자연수이다.)

12

원 $x^2+y^2=1$을 밑면으로 하는 입체도형을 원점에서 $|x|\,(-1\le x\le 1)$만큼 떨어진 x축 위의 점에서 x축에 수직인 평면으로 자른 단면이 높이가 $|x|$인 이등변삼각형일 때, 이 입체도형의 부피를 구하시오.

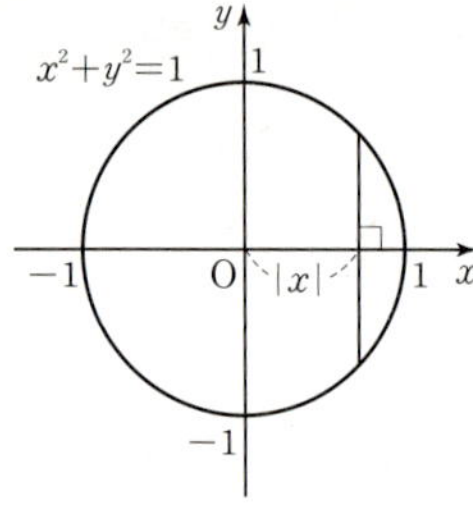

13

좌표평면 위를 움직이는 점 P의 시각 t에서의 위치 (x, y)가 $x=e^t\cos 2t$, $y=e^t\sin 2t$일 때, 시각 $t=0$에서 $t=1$까지 점 P가 움직인 거리는?

① 2 ② e ③ $\sqrt{5}(e-1)$

④ $2e$ ⑤ $5(e-1)$

14 중요

좌표평면 위를 움직이는 점 P의 시각 t에서의 위치 (x, y)가 $x=\dfrac{1}{2}t^2-4t$, $y=\dfrac{8}{3}t\sqrt{t}$일 때, 시각 $t=0$에서 $t=a$까지 점 P가 움직인 거리가 10이 되도록 하는 양수 a의 값을 구하시오.

15

곡선 $y=\dfrac{1}{4}(x^2-2\ln x)$ $(1\le x\le 2)$의 길이를 구하시오.

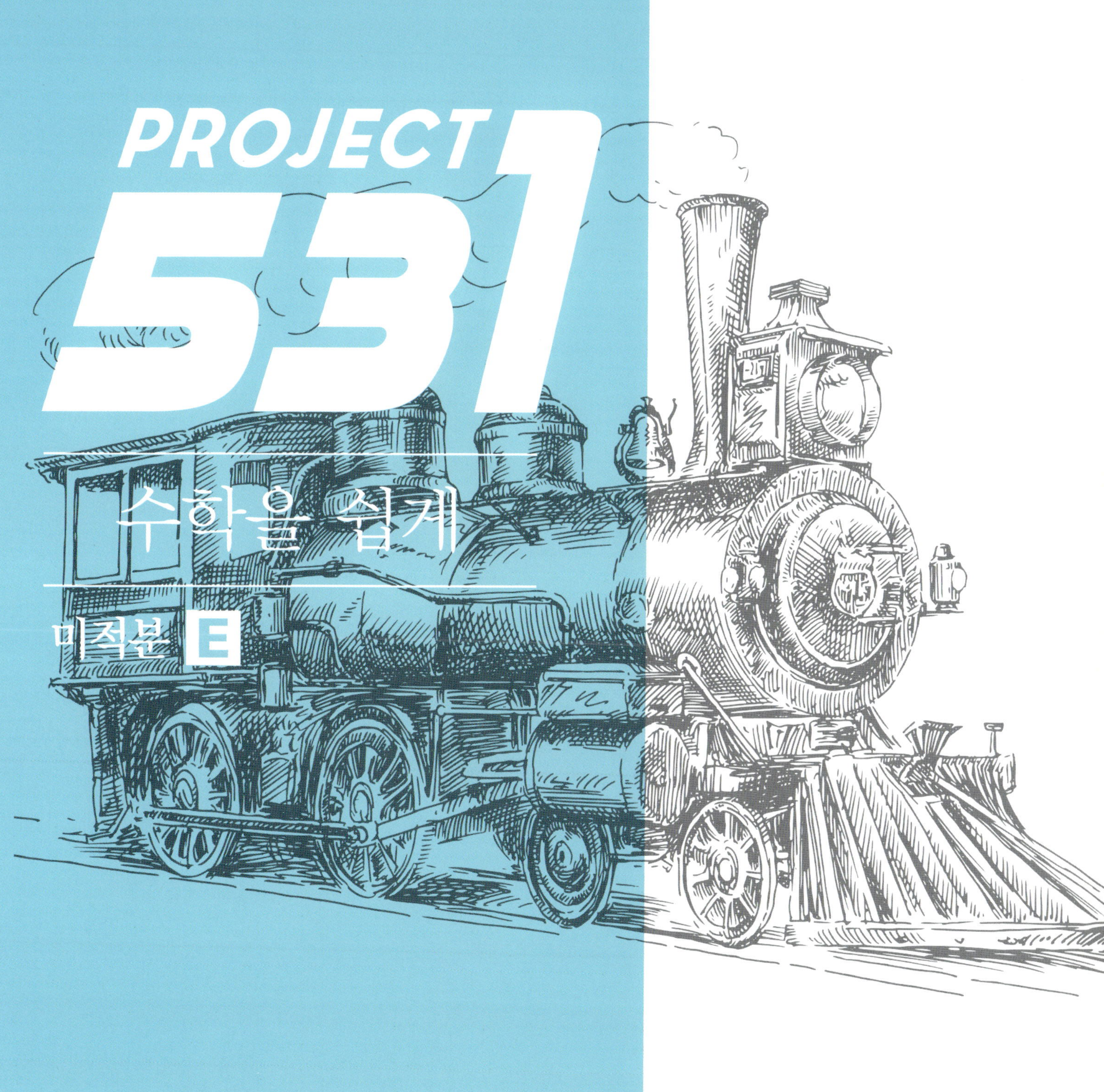
이투스북
PROJECT
531
수학을 쉽게
미적분 E
정답과 풀이

미적분

정답과 풀이

Speed Check

Ⅰ 수열의 극한

01 | 수열의 수렴과 발산

개념 ①

1 (1) 수렴, 1　(2) 발산　(3) 수렴, 0　(4) 발산

01 ⑤　　**01-1** ④

01-2 ⑤

개념 ②

1 (1) 5　(2) 6　(3) $\dfrac{2}{3}$

02 (1) 5　(2) -6　(3) -1　　**02-1** (1) 7　(2) -2　(3) 15　(4) $\dfrac{4}{9}$

03 ④　　**03-1** ①

개념 ③

1 (1) 발산　(2) 2　(3) 0

04 (1) $\dfrac{2}{3}$　(2) 0　(3) $\dfrac{1}{4}$　　**04-1** (1) $\dfrac{3}{5}$　(2) 2　(3) $\dfrac{1}{6}$

05 (1) 발산　(2) 1　(3) 1　(4) 3　　**05-1** (1) 발산　(2) $\dfrac{7}{2}$　(3) $\dfrac{3}{4}$　(4) 2

개념 ④

1 (1) 3　(2) 0　(3) 1　(4) 발산

2 (1) $-1\leq x<0$ 또는 $1<x\leq 2$
　　(2) $x=1$ 또는 $-3<x\leq -1$

06 ③　　**06-1** ⑤

07 ②　　**07-1** ③

개념 ⑤

1 (1) 4　(2) 3　(3) $\dfrac{7}{3}$

08 3　　**08-1** 4

08-2 ④　　**08-3** ②

01 ②　**02** ②　**03** ②　**04** ⑤　**05** ③　**06** ④　**07** ②　**08** ④　**09** ①

10 ③　**11** 9　**12** ①　**13** ④　**14** ②　**15** ①　**16** 4

02 | 급수

개념 ①

1 (1) 발산　(2) 발산　(3) 수렴, 1

01 $\dfrac{1}{2}$　　**01-1** 4

02 2　　**02-1** 3

개념 ②

1 풀이 참조

2 (1) 5　(2) 1

03 1　　**03-1** $\dfrac{1}{4}$

04 2　　**04-1** 2

Ⅱ 미분법

01 | 지수함수와 로그함수의 미분

02 | 삼각함수의 미분

2	(1) $\dfrac{2}{3}$ (2) $\dfrac{1}{3}$	
02	(1) $\dfrac{1}{2}$ (2) $\dfrac{2}{3}$	**02-1** 1
03	2	**03-1** 2
개념 ❸ **1**	(1) $y'=e^x+\cos x$ (2) $y'=\cos x-x\sin x$	
04	$-\dfrac{\sqrt{2}}{2}$	**04-1** ④
05	9	**05-1** ①

대표 유형 **다지기**
본문 **30~31쪽**

01 ②	**02** ④	**03** ①	**04** ⑤	**05** ⑤	**06** ①	**07** ⑤	**08** ④	**09** ②
10 ②	**11** ①	**12** ③	**13** ③	**14** ⑤	**15** ④	**16** ④		

03 | 여러 가지 미분법

교과서 핵심 개념별 **대표 유형 익히기**
본문 **32~36쪽**

 **1** (1) $y'=-\dfrac{7}{(x-2)^2}$ (2) $y'=-\dfrac{3}{(3x+4)^2}$
(3) $y'=\sec^2 x-2\csc^2 x$ (4) $y'=\sec x\tan x+2\csc x\cot x$

01	②	**01-1**	③
02	②	**02-1**	-2

 **1** (1) $y'=15(3x+2)^4$ (2) $y'=2\left(x+\dfrac{1}{x}\right)\left(1-\dfrac{1}{x^2}\right)$
(3) $y'=(x+1)^2(5x^2+2x+6)$ (4) $y'=2\cos(2x+5)$

03	②	**03-1**	④
04	-3	**04-1**	①

 **1** (1) $y'=\dfrac{3}{3x-1}$ (2) $y'=\dfrac{2x}{(x^2+3)\ln 2}$
(3) $y'=-\tan x$

2 (1) $y'=\dfrac{1}{3\sqrt[3]{x^2}}$ (2) $y'=\sqrt{5}\,x^{\sqrt{5}-1}$ (3) $y'=\dfrac{x}{\sqrt{x^2-3}}$

05	$\dfrac{2}{3}$	**05-1**	③
06	③	**06-1**	①

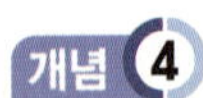 **1** (1) $\dfrac{dy}{dx}=\dfrac{3t^2+2}{-4t+1}$ $\left(\text{단},\ t\neq\dfrac{1}{4}\right)$ (2) $\dfrac{dy}{dx}=\cot t$ $(\text{단},\ \sin t\neq 0)$ (3) $\dfrac{dy}{dx}=-\dfrac{2t}{(t^2+1)^2}$

2 (1) $\dfrac{dy}{dx}=\dfrac{1}{2y-4}$ $(\text{단},\ y\neq 2)$ (2) $\dfrac{dy}{dx}=-\dfrac{x}{y}$ $(\text{단},\ y\neq 0)$ (3) $\dfrac{dy}{dx}=\dfrac{\cos x}{\sin y}$ $(\text{단},\ \sin y\neq 0)$

07	②	**07-1**	1
08	②	**08-1**	④

개념 **2** 수열의 극한에 대한 기본 성질

개념 Check

1 (1) $\lim\limits_{n\to\infty}(a_n+b_n)=\lim\limits_{n\to\infty}a_n+\lim\limits_{n\to\infty}b_n=2+3=5$

(2) $\lim\limits_{n\to\infty}a_nb_n=\lim\limits_{n\to\infty}a_n\lim\limits_{n\to\infty}b_n=2\times3=6$

(3) $\lim\limits_{n\to\infty}\dfrac{a_n}{b_n}=\dfrac{\lim\limits_{n\to\infty}a_n}{\lim\limits_{n\to\infty}b_n}=\dfrac{2}{3}$

답 (1) 5 (2) 6 (3) $\dfrac{2}{3}$

유형 02

(1) $\lim\limits_{n\to\infty}(a_n+3b_n)=\lim\limits_{n\to\infty}a_n+3\lim\limits_{n\to\infty}b_n=-1+3\times2=5$

(2) $\lim\limits_{n\to\infty}(a_n-1)(b_n+1)$

$=\lim\limits_{n\to\infty}(a_nb_n+a_n-b_n-1)$

$=\lim\limits_{n\to\infty}a_n\lim\limits_{n\to\infty}b_n+\lim\limits_{n\to\infty}a_n-\lim\limits_{n\to\infty}b_n-\lim\limits_{n\to\infty}1$

$=(-1)\times2+(-1)-2-1=-6$

(3) $\lim\limits_{n\to\infty}\dfrac{a_n+2b_n}{a_nb_n-1}$

$=\dfrac{\lim\limits_{n\to\infty}a_n+2\lim\limits_{n\to\infty}b_n}{\lim\limits_{n\to\infty}a_n\lim\limits_{n\to\infty}b_n-\lim\limits_{n\to\infty}1}$

$=\dfrac{-1+2\times2}{(-1)\times2-1}$

$=\dfrac{3}{-3}=-1$

답 (1) 5 (2) -6 (3) -1

02-1

(1) $\lim\limits_{n\to\infty}(2a_n-b_n)=2\lim\limits_{n\to\infty}a_n-\lim\limits_{n\to\infty}b_n=2\times3-(-1)=7$

(2) $\lim\limits_{n\to\infty}\dfrac{2a_n}{3b_n}=\dfrac{2\lim\limits_{n\to\infty}a_n}{3\lim\limits_{n\to\infty}b_n}=\dfrac{2\times3}{3\times(-1)}=-2$

(3) $\lim\limits_{n\to\infty}(2a_n-1)(b_n+4)$

$=\lim\limits_{n\to\infty}(2a_nb_n+8a_n-b_n-4)$

$=2\lim\limits_{n\to\infty}a_n\lim\limits_{n\to\infty}b_n+8\lim\limits_{n\to\infty}a_n-\lim\limits_{n\to\infty}b_n-\lim\limits_{n\to\infty}4$

$=2\times3\times(-1)+8\times3-(-1)-4$

$=15$

(4) $\lim\limits_{n\to\infty}\dfrac{5b_n+1}{2a_nb_n-a_n}$

$=\dfrac{5\lim\limits_{n\to\infty}b_n+\lim\limits_{n\to\infty}1}{2\lim\limits_{n\to\infty}a_n\lim\limits_{n\to\infty}b_n-\lim\limits_{n\to\infty}a_n}$

$=\dfrac{5\times(-1)+1}{2\times3\times(-1)-3}=\dfrac{4}{9}$

답 (1) 7 (2) -2 (3) 15 (4) $\dfrac{4}{9}$

유형 03

두 수열 $\{a_n\}$, $\{b_n\}$이 모두 수렴하므로

$\lim\limits_{n\to\infty}a_n=\alpha$, $\lim\limits_{n\to\infty}b_n=\beta$로 놓으면

$\lim\limits_{n\to\infty}(2a_n-b_n)=2\alpha-\beta=4$ ······ ㉠

$\lim\limits_{n\to\infty}(a_n+2b_n)=\alpha+2\beta=7$ ······ ㉡

㉠, ㉡을 연립하여 풀면 $\alpha=3$, $\beta=2$

$\therefore \lim\limits_{n\to\infty}(3a_n+4b_n)=3\alpha+4\beta=17$

답 ④

03-1

두 수열 $\{a_n\}$, $\{b_n\}$이 모두 수렴하므로

$\lim\limits_{n\to\infty}a_n=\alpha$, $\lim\limits_{n\to\infty}b_n=\beta$로 놓으면

$\lim\limits_{n\to\infty}(3a_n+b_n)=3\alpha+\beta=7$ ······ ㉠

$\lim\limits_{n\to\infty}(2a_n-b_n)=2\alpha-\beta=3$ ······ ㉡

㉠, ㉡을 연립하여 풀면 $\alpha=2$, $\beta=1$

$\therefore \lim\limits_{n\to\infty}(4a_n+3b_n)=4\alpha+3\beta=11$

• 다른 풀이

$4a_n+3b_n=2(3a_n+b_n)-(2a_n-b_n)$이므로

$\lim\limits_{n\to\infty}(4a_n+3b_n)$

$=\lim\limits_{n\to\infty}\{2(3a_n+b_n)-(2a_n-b_n)\}$

$=2\lim\limits_{n\to\infty}(3a_n+b_n)-\lim\limits_{n\to\infty}(2a_n-b_n)$

$=2\times7-3=11$

답 ①

개념 **3** 극한값의 계산

개념 Check

1 (1) $\lim\limits_{n\to\infty}\dfrac{n^2}{3n-2}=\lim\limits_{n\to\infty}\dfrac{n}{3-\dfrac{2}{n}}=\infty$

(2) $\lim\limits_{n\to\infty}\dfrac{2n}{n+1}=\lim\limits_{n\to\infty}\dfrac{2}{1+\dfrac{1}{n}}=2$

(3) $\lim\limits_{n\to\infty}\dfrac{n+1}{n^2}=\lim\limits_{n\to\infty}\dfrac{\dfrac{1}{n}+\dfrac{1}{n^2}}{1}=0$

답 (1) 발산 (2) 2 (3) 0

유형 04

(1) $\lim\limits_{n\to\infty}\dfrac{2n^2+n+1}{3n^2-n-1}=\lim\limits_{n\to\infty}\dfrac{2+\dfrac{1}{n}+\dfrac{1}{n^2}}{3-\dfrac{1}{n}-\dfrac{1}{n^2}}$

$=\dfrac{2+0+0}{3-0-0}=\dfrac{2}{3}$

(2) $\lim\limits_{n\to\infty}\dfrac{(n+3)(2n-1)}{(n^2+1)(n+2)}=\lim\limits_{n\to\infty}\dfrac{2n^2+5n-3}{n^3+2n^2+n+2}$

$=\lim\limits_{n\to\infty}\dfrac{\dfrac{2}{n}+\dfrac{5}{n^2}-\dfrac{3}{n^3}}{1+\dfrac{2}{n}+\dfrac{1}{n^2}+\dfrac{2}{n^3}}$

$=\dfrac{0+0-0}{1+0+0+0}=0$

(3) $1+2+3+\cdots+n=\dfrac{n(n+1)}{2}$ 이므로

$\displaystyle\lim_{n\to\infty}\dfrac{1+2+3+\cdots+n}{n(2n+3)}$

$=\displaystyle\lim_{n\to\infty}\dfrac{n(n+1)}{2n(2n+3)}$

$=\displaystyle\lim_{n\to\infty}\dfrac{n^2+n}{4n^2+6n}$

$=\displaystyle\lim_{n\to\infty}\dfrac{1+\dfrac{1}{n}}{4+\dfrac{6}{n}}$

$=\dfrac{1+0}{4+0}=\dfrac{1}{4}$

답 (1) $\dfrac{2}{3}$ (2) 0 (3) $\dfrac{1}{4}$

04-1

(1) $\displaystyle\lim_{n\to\infty}\dfrac{3n^3-2n+1}{5n^3-4n^2+2}$

$=\displaystyle\lim_{n\to\infty}\dfrac{3-\dfrac{2}{n^2}+\dfrac{1}{n^3}}{5-\dfrac{4}{n}+\dfrac{2}{n^3}}$

$=\dfrac{3-0+0}{5-0+0}=\dfrac{3}{5}$

(2) $\displaystyle\lim_{n\to\infty}\dfrac{(2n-1)(n+1)}{n(n+3)}$

$=\displaystyle\lim_{n\to\infty}\dfrac{2n^2+n-1}{n^2+3n}$

$=\displaystyle\lim_{n\to\infty}\dfrac{2+\dfrac{1}{n}-\dfrac{1}{n^2}}{1+\dfrac{3}{n}}$

$=\dfrac{2+0-0}{1+0}=2$

(3) $1^2+2^2+3^2+\cdots+n^2=\dfrac{n(n+1)(2n+1)}{6}$ 이므로

$\displaystyle\lim_{n\to\infty}\dfrac{1^2+2^2+3^2+\cdots+n^2}{2n^3+3n^2}$

$=\displaystyle\lim_{n\to\infty}\dfrac{n(n+1)(2n+1)}{6(2n^3+3n^2)}$

$=\displaystyle\lim_{n\to\infty}\dfrac{2n^3+3n^2+n}{12n^3+18n^2}$

$=\displaystyle\lim_{n\to\infty}\dfrac{2+\dfrac{3}{n}+\dfrac{1}{n^2}}{12+\dfrac{18}{n}}$

$=\dfrac{2+0+0}{12+0}=\dfrac{1}{6}$

답 (1) $\dfrac{3}{5}$ (2) 2 (3) $\dfrac{1}{6}$

유형 05

(1) $\displaystyle\lim_{n\to\infty}(3-3n+n^2)=\lim_{n\to\infty}n^2\left(\dfrac{3}{n^2}-\dfrac{3}{n}+1\right)=\infty$ (발산)

(2) $\displaystyle\lim_{n\to\infty}\dfrac{2}{\sqrt{n^2+n}-\sqrt{n^2-3n}}$

$=\displaystyle\lim_{n\to\infty}\dfrac{2(\sqrt{n^2+n}+\sqrt{n^2-3n})}{(\sqrt{n^2+n}-\sqrt{n^2-3n})(\sqrt{n^2+n}+\sqrt{n^2-3n})}$

$=\displaystyle\lim_{n\to\infty}\dfrac{2(\sqrt{n^2+n}+\sqrt{n^2-3n})}{4n}$

$=\displaystyle\lim_{n\to\infty}\dfrac{2\left(\sqrt{1+\dfrac{1}{n}}+\sqrt{1-\dfrac{3}{n}}\right)}{4}=\dfrac{2(1+1)}{4}=1$

(3) $\displaystyle\lim_{n\to\infty}(\sqrt{n^2+2n+5}-n)$

$=\displaystyle\lim_{n\to\infty}\dfrac{(\sqrt{n^2+2n+5}-n)(\sqrt{n^2+2n+5}+n)}{\sqrt{n^2+2n+5}+n}$

$=\displaystyle\lim_{n\to\infty}\dfrac{2n+5}{\sqrt{n^2+2n+5}+n}$

$=\displaystyle\lim_{n\to\infty}\dfrac{2+\dfrac{5}{n}}{\sqrt{1+\dfrac{2}{n}+\dfrac{5}{n^2}}+1}=\dfrac{2}{1+1}=1$

(4) $\displaystyle\lim_{n\to\infty}\dfrac{\sqrt{n+4}-\sqrt{n+1}}{\sqrt{n+1}-\sqrt{n}}$

$=\displaystyle\lim_{n\to\infty}\dfrac{(\sqrt{n+4}-\sqrt{n+1})(\sqrt{n+4}+\sqrt{n+1})(\sqrt{n+1}+\sqrt{n})}{(\sqrt{n+1}-\sqrt{n})(\sqrt{n+1}+\sqrt{n})(\sqrt{n+4}+\sqrt{n+1})}$

$=\displaystyle\lim_{n\to\infty}\dfrac{3(\sqrt{n+1}+\sqrt{n})}{\sqrt{n+4}+\sqrt{n+1}}$

$=\displaystyle\lim_{n\to\infty}\dfrac{3\left(\sqrt{1+\dfrac{1}{n}}+\sqrt{1}\right)}{\sqrt{1+\dfrac{4}{n}}+\sqrt{1+\dfrac{1}{n}}}$

$=\dfrac{3(1+1)}{1+1}=3$

답 (1) 발산 (2) 1 (3) 1 (4) 3

05-1

(1) $\displaystyle\lim_{n\to\infty}(1-2n+4n^3)=\lim_{n\to\infty}n^3\left(\dfrac{1}{n^3}-\dfrac{2}{n^2}+4\right)=\infty$ (발산)

(2) $\displaystyle\lim_{n\to\infty}(\sqrt{n^2+6n}-\sqrt{n^2-n})$

$=\displaystyle\lim_{n\to\infty}\dfrac{(\sqrt{n^2+6n}-\sqrt{n^2-n})(\sqrt{n^2+6n}+\sqrt{n^2-n})}{\sqrt{n^2+6n}+\sqrt{n^2-n}}$

$=\displaystyle\lim_{n\to\infty}\dfrac{7n}{\sqrt{n^2+6n}+\sqrt{n^2-n}}$

$=\displaystyle\lim_{n\to\infty}\dfrac{7}{\sqrt{1+\dfrac{6}{n}}+\sqrt{1-\dfrac{1}{n}}}=\dfrac{7}{1+1}=\dfrac{7}{2}$

(3) $\displaystyle\lim_{n\to\infty}\dfrac{\sqrt{n+2}-\sqrt{n+5}}{\sqrt{n-1}-\sqrt{n+3}}$

$=\displaystyle\lim_{n\to\infty}\dfrac{(\sqrt{n+2}-\sqrt{n+5})(\sqrt{n+2}+\sqrt{n+5})(\sqrt{n-1}+\sqrt{n+3})}{(\sqrt{n-1}-\sqrt{n+3})(\sqrt{n-1}+\sqrt{n+3})(\sqrt{n+2}+\sqrt{n+5})}$

$=\displaystyle\lim_{n\to\infty}\dfrac{-3(\sqrt{n-1}+\sqrt{n+3})}{-4(\sqrt{n+2}+\sqrt{n+5})}$

$$=\lim_{n\to\infty}\frac{3\left(\sqrt{1-\dfrac{1}{n}}+\sqrt{1+\dfrac{3}{n}}\right)}{4\left(\sqrt{1+\dfrac{2}{n}}+\sqrt{1+\dfrac{5}{n}}\right)}$$

$$=\frac{3(1+1)}{4(1+1)}=\frac{3}{4}$$

(4) $\displaystyle\lim_{n\to\infty}\dfrac{5}{\sqrt{n^4+2n^2}-\sqrt{n^4-3n^2}}$

$$=\lim_{n\to\infty}\frac{5(\sqrt{n^4+2n^2}+\sqrt{n^4-3n^2})}{(\sqrt{n^4+2n^2}-\sqrt{n^4-3n^2})(\sqrt{n^4+2n^2}+\sqrt{n^4-3n^2})}$$

$$=\lim_{n\to\infty}\frac{5(\sqrt{n^4+2n^2}+\sqrt{n^4-3n^2})}{5n^2}$$

$$=\lim_{n\to\infty}\frac{5\left(\sqrt{1+\dfrac{2}{n^2}}+\sqrt{1-\dfrac{3}{n^2}}\right)}{5}$$

$$=\frac{5(1+1)}{5}=2$$

답 (1) 발산 (2) $\dfrac{7}{2}$ (3) $\dfrac{3}{4}$ (4) 2

개념 ④ 등비수열의 수렴과 발산

개념 Check

1 (1) $\displaystyle\lim_{n\to\infty}\left\{\left(-\dfrac{1}{5}\right)^n+3\right\}=0+3=3$

(2) $\displaystyle\lim_{n\to\infty}\dfrac{2^{n+1}}{3^n+1}=\lim_{n\to\infty}\dfrac{2\times\left(\dfrac{2}{3}\right)^n}{1+\left(\dfrac{1}{3}\right)^n}=\dfrac{2\times0}{1+0}=0$

(3) $\displaystyle\lim_{n\to\infty}\dfrac{5^n+1}{5^n+2^n}=\lim_{n\to\infty}\dfrac{1+\left(\dfrac{1}{5}\right)^n}{1+\left(\dfrac{2}{5}\right)^n}=\dfrac{1+0}{1+0}=1$

(4) $\displaystyle\lim_{n\to\infty}(3^n+5)=\lim_{n\to\infty}3^n\left\{1+5\times\left(\dfrac{1}{3}\right)^n\right\}=\infty$ (발산)

답 (1) 3 (2) 0 (3) 1 (4) 발산

2 (1) 첫째항과 공비가 모두 x^2-x-1인 등비수열이므로 주어진 수열이 수렴하려면 $-1<x^2-x-1\leq1$이어야 한다.

  (ⅰ) $-1<x^2-x-1$에서
    $x^2-x>0$, $x(x-1)>0$
    $\therefore x<0$ 또는 $x>1$

  (ⅱ) $x^2-x-1\leq1$에서
    $x^2-x-2\leq0$, $(x+1)(x-2)\leq0$
    $\therefore -1\leq x\leq2$

  (ⅰ), (ⅱ)에 의하여 구하는 x의 값의 범위는
  $-1\leq x<0$ 또는 $1<x\leq2$

(2) 첫째항이 $x-1$이고 공비가 $x+2$이므로 주어진 수열이 수렴하려면 $x-1=0$ 또는 $-1<x+2\leq1$이어야 한다.
  $\therefore x=1$ 또는 $-3<x\leq-1$

답 (1) $-1\leq x<0$ 또는 $1<x\leq2$
(2) $x=1$ 또는 $-3<x\leq-1$

$$\lim_{n\to\infty}\frac{2^{n+1}+5^{n-1}}{5^n+(-2)^n}=\lim_{n\to\infty}\frac{2\times\left(\dfrac{2}{5}\right)^n+\dfrac{1}{5}}{1+\left(-\dfrac{2}{5}\right)^n}$$

$$=\frac{2\times0+\dfrac{1}{5}}{1+0}=\frac{1}{5}$$

답 ③

06-1

$$\lim_{n\to\infty}\frac{2^{n+1}+a\times3^{n+1}}{2^n+3^{n-1}}=\lim_{n\to\infty}\frac{4\times\left(\dfrac{2}{3}\right)^{n-1}+a\times9}{2\times\left(\dfrac{2}{3}\right)^{n-1}+1}$$

$$=\frac{4\times0+9a}{2\times0+1}=9a$$

이때, $9a=5$이므로 $a=\dfrac{5}{9}$

답 ⑤

첫째항이 $x+2$이고 공비가 $\dfrac{x-3}{4}$이므로 주어진 수열이 수렴하려면 $x+2=0$ 또는 $-1<\dfrac{x-3}{4}\leq1$이어야 한다.

(ⅰ) $x+2=0$에서 $x=-2$

(ⅱ) $-1<\dfrac{x-3}{4}\leq1$에서 $-4<x-3\leq4$이므로
  $-1<x\leq7$

(ⅰ), (ⅱ)에서 $x=-2$ 또는 $-1<x\leq7$
따라서 모든 정수 x의 값의 합은
$(-2)+0+1+2+\cdots+7=26$

답 ②

07-1

첫째항과 공비가 모두 $\log_2 x-2$인 등비수열이므로 주어진 수열이 수렴하려면 $-1<\log_2 x-2\leq1$이어야 한다.
즉, $1<\log_2 x\leq3$이므로 $2<x\leq8$
따라서 모든 정수 x의 값의 합은
$3+4+5+6+7+8=33$

답 ③

개념 ⑤ x^n을 포함한 극한으로 표현된 함수

개념 Check

1 (1) $x>1$일 때, $\displaystyle\lim_{n\to\infty}\dfrac{1}{x^n}=0$이므로

$$f(x)=\lim_{n\to\infty}\frac{x+\dfrac{6}{x^n}}{1+\dfrac{2}{x^n}}=x \qquad \therefore f(4)=4$$

(2) $0<x<1$일 때, $\displaystyle\lim_{n\to\infty}x^n=0$이므로

$$f(x)=\lim_{n\to\infty}\frac{x^{n+1}+6}{x^n+2}=\frac{0+6}{0+2}=3 \qquad \therefore f\left(\frac{1}{4}\right)=3$$

$$(3)\ f(1)=\lim_{n\to\infty}\frac{1^{n+1}+6}{1^n+2}=\frac{1+6}{1+2}=\frac{7}{3}$$

답 (1) 4 (2) 3 (3) $\dfrac{7}{3}$

유형 08

(ⅰ) $|x|>1$일 때, $\lim\limits_{n\to\infty}\dfrac{1}{x^n}=0$이므로

$$f(x)=\lim_{n\to\infty}\frac{x^n+ax}{x^n+3}=\lim_{n\to\infty}\frac{1+\dfrac{a}{x^{n-1}}}{1+\dfrac{3}{x^n}}=1$$

(ⅱ) $|x|<1$일 때, $\lim\limits_{n\to\infty}x^n=0$이므로

$$f(x)=\lim_{n\to\infty}\frac{x^n+ax}{x^n+3}=\frac{ax}{3}$$

(ⅲ) $x=1$일 때, $f(1)=\dfrac{1+a}{4}$

함수 $f(x)$가 $x=1$에서 연속이므로

$$\lim_{x\to1+}f(x)=\lim_{x\to1-}f(x)=f(1)$$

$$1=\frac{a}{3}=\frac{1+a}{4}\qquad\therefore a=3$$

답 3

08-1

(ⅰ) $|x|>1$일 때, $\lim\limits_{n\to\infty}\dfrac{1}{x^n}=0$이므로

$$f(x)=\lim_{n\to\infty}\frac{ax^n+4}{x^n+1}=\lim_{n\to\infty}\frac{a+\dfrac{4}{x^n}}{1+\dfrac{1}{x^n}}=a$$

(ⅱ) $|x|<1$일 때, $\lim\limits_{n\to\infty}x^n=0$이므로

$$f(x)=\lim_{n\to\infty}\frac{ax^n+4}{x^n+1}=\frac{4}{1}=4$$

(ⅲ) $x=1$일 때, $f(1)=\dfrac{a+4}{2}$

함수 $f(x)$가 $x=1$에서 연속이므로

$$\lim_{x\to1+}f(x)=\lim_{x\to1-}f(x)=f(1)$$

$$a=4=\frac{a+4}{2}\qquad\therefore a=4$$

답 4

08-2

$x>0$이므로 $0<x<1$, $x=1$, $x>1$인 경우로 나누어 함수 $f(x)$를 구하면

(ⅰ) $x>1$일 때, $\lim\limits_{n\to\infty}\dfrac{1}{x^{2n}}=0$이므로

$$f(x)=\lim_{n\to\infty}\frac{x^{2n+1}+ax}{x^{2n}+1}=\lim_{n\to\infty}\frac{x+\dfrac{a}{x^{2n-1}}}{1+\dfrac{1}{x^{2n}}}=x$$

(ⅱ) $x=1$일 때, $f(1)=\dfrac{1+a}{2}$

(ⅲ) $0<x<1$일 때, $\lim\limits_{n\to\infty}x^{2n}=0$이므로

$$f(x)=\lim_{n\to\infty}\frac{x^{2n+1}+ax}{x^{2n}+1}=\frac{ax}{1}=ax$$

이때, 함수 $f(x)$가 $x>0$인 모든 실수 x에서 연속이 되려면 $x=1$을 제외한 모든 구간에서 연속이므로 $x=1$에서만 연속인 것을 보이면 된다.

즉, $\lim\limits_{x\to1+}f(x)=\lim\limits_{x\to1-}f(x)=f(1)$이어야 하므로

$$1=a=\frac{1+a}{2}\qquad\therefore a=1$$

답 ④

08-3

(ⅰ) $|x|>1$일 때, $\lim\limits_{n\to\infty}\dfrac{1}{x^{2n}}=0$이므로

$$f(x)=\lim_{n\to\infty}\frac{x^{2n+3}+3x+a}{x^{2n}+1}$$

$$=\lim_{n\to\infty}\frac{x^3+\dfrac{3}{x^{2n-1}}+\dfrac{a}{x^{2n}}}{1+\dfrac{1}{x^{2n}}}=x^3$$

(ⅱ) $|x|<1$일 때, $\lim\limits_{n\to\infty}x^{2n}=0$이므로

$$f(x)=\lim_{n\to\infty}\frac{x^{2n+3}+3x+a}{x^{2n}+1}=3x+a$$

(ⅲ) $x=1$일 때, $f(1)=\dfrac{4+a}{2}$

함수 $f(x)$가 $x=1$에서 연속이려면

$$\lim_{x\to1+}f(x)=\lim_{x\to1-}f(x)=f(1)$$이어야 하므로

$$1=3+a=\frac{4+a}{2}\qquad\therefore a=-2$$

따라서 $f(x)=\lim\limits_{n\to\infty}\dfrac{x^{2n+3}+3x-2}{x^{2n}+1}$이므로

$$f(-1)=-3$$

답 ②

01

ㄱ. 수열 $\left\{\left(-\dfrac{1}{2}\right)^{n-1}\right\}$의 각 항을 첫째항부터 차례대로 나열하면

$$1,\ -\frac{1}{2},\ \frac{1}{4},\ -\frac{1}{8},\ \cdots$$

이므로 n이 한없이 커질 때 $\left(-\dfrac{1}{2}\right)^{n-1}$의 값은 0에 한없이 가까워진다. 즉, 수열 $\left\{\left(-\dfrac{1}{2}\right)^{n-1}\right\}$은 0에 수렴한다.

ㄴ. 수열 $\{n-n^2\}$의 각 항을 첫째항부터 차례대로 나열하면

$$0,\ -2,\ -6,\ -12,\ \cdots$$

이므로 n이 한없이 커질 때 $n-n^2$의 값은 음수이면서 절댓값이 한없이 커진다. 즉, 수열 $\{n-n^2\}$은 발산한다.

ㄷ. $\dfrac{\sqrt{n}+1}{n}=\dfrac{\sqrt{n}}{n}+\dfrac{1}{n}=\dfrac{1}{\sqrt{n}}+\dfrac{1}{n}$ 에서 분자는 항상 1이고 n이

한없이 커질 때 분모의 값은 한없이 커지므로 $\dfrac{\sqrt{n}+1}{n}$의 값은

0에 한없이 가까워진다.

즉, 수열 $\left\{\dfrac{\sqrt{n}+1}{n}\right\}$은 0에 수렴한다.

ㄹ. n이 한없이 커질 때 3^n의 값은 한없이 커지고 $(-1)^{n-1}$은 1,

-1, 1, -1, $\cdots$과 같이 발산(진동)하므로 n이 한없이 커질

때 $3^n+(-1)^{n-1}$의 값은 한없이 커진다.

즉, 수열 $\{3^n+(-1)^{n-1}\}$은 발산한다.

따라서 수렴하는 수열은 ㄱ, ㄷ이다.　　　　　**답** ②

02

$a_n=\dfrac{1}{3}+\displaystyle\sum_{k=1}^{n-1}\dfrac{1}{k(k+1)}$

$=\dfrac{1}{3}+\displaystyle\sum_{k=1}^{n-1}\left(\dfrac{1}{k}-\dfrac{1}{k+1}\right)$

$=\dfrac{1}{3}+\left\{\left(\dfrac{1}{1}-\dfrac{1}{2}\right)+\left(\dfrac{1}{2}-\dfrac{1}{3}\right)+\cdots+\left(\dfrac{1}{n-1}-\dfrac{1}{n}\right)\right\}$

$=\dfrac{1}{3}+1-\dfrac{1}{n}=\dfrac{4}{3}-\dfrac{1}{n}$

$\therefore \displaystyle\lim_{n\to\infty}a_n=\lim_{n\to\infty}\left(\dfrac{4}{3}-\dfrac{1}{n}\right)=\dfrac{4}{3}$　　　　**답** ②

03

$\displaystyle\lim_{n\to\infty}a_n=1,\ \lim_{n\to\infty}b_n=-2$이므로

$\displaystyle\lim_{n\to\infty}\dfrac{3a_n+b_n}{a_nb_n+1}=\dfrac{3\lim_{n\to\infty}a_n+\lim_{n\to\infty}b_n}{\lim_{n\to\infty}a_n\lim_{n\to\infty}b_n+\lim_{n\to\infty}1}$

$\qquad\qquad\qquad=\dfrac{3\times1+(-2)}{1\times(-2)+1}=\dfrac{1}{-1}=-1$　　　**답** ②

04

두 수열 $\{a_n\}$, $\{b_n\}$이 모두 수렴하므로

$\displaystyle\lim_{n\to\infty}a_n=\alpha,\ \lim_{n\to\infty}b_n=\beta$로 놓으면

$\displaystyle\lim_{n\to\infty}(a_n-b_n)=\alpha-\beta=4,\ \lim_{n\to\infty}a_nb_n=\alpha\beta=2$

이때, $\alpha^2+\beta^2=(\alpha-\beta)^2+2\alpha\beta=4^2+4=20$

$\therefore \displaystyle\lim_{n\to\infty}(a_n{}^2+b_n{}^2)=\lim_{n\to\infty}a_n{}^2+\lim_{n\to\infty}b_n{}^2$

$\qquad\qquad\qquad\quad=\alpha^2+\beta^2=20$　　　　**답** ⑤

05

$\displaystyle\lim_{n\to\infty}\dfrac{(3n-2)(2n+3)}{4n^2+2n}=\lim_{n\to\infty}\dfrac{6n^2+5n-6}{4n^2+2n}$

$\qquad\qquad\qquad=\displaystyle\lim_{n\to\infty}\dfrac{6+\dfrac{5}{n}-\dfrac{6}{n^2}}{4+\dfrac{2}{n}}$

$\qquad\qquad\qquad=\dfrac{6+0-0}{4+0}=\dfrac{3}{2}$　　　　**답** ③

06

$\displaystyle\lim_{n\to\infty}\{\log_2(2n+3)-\log_2\sqrt{2n^2-n}\}$

$=\displaystyle\lim_{n\to\infty}\log_2\dfrac{2n+3}{\sqrt{2n^2-n}}$

$=\displaystyle\lim_{n\to\infty}\log_2\dfrac{2+\dfrac{3}{n}}{\sqrt{2-\dfrac{1}{n}}}$

$=\log_2\dfrac{2+0}{\sqrt{2}}=\log_2\sqrt{2}=\dfrac{1}{2}$　　　　**답** ④

07

$1+3+5+\cdots+(2n-1)$

$=\displaystyle\sum_{k=1}^{n}(2k-1)$

$=2\times\dfrac{n(n+1)}{2}-n$

$=n^2$

이므로

$\displaystyle\lim_{n\to\infty}\dfrac{1+3+5+\cdots+(2n-1)}{2n^2}$

$=\displaystyle\lim_{n\to\infty}\dfrac{n^2}{2n^2}=\dfrac{1}{2}$　　　　**답** ②

08

$\displaystyle\lim_{n\to\infty}\dfrac{(n+2)a_n}{(2n-3)b_n}$

$=\displaystyle\lim_{n\to\infty}\dfrac{(n+2)^2(2n-3)a_n}{(2n-3)^2(n+2)b_n}$

$=\displaystyle\lim_{n\to\infty}\dfrac{(n+2)^2}{(2n-3)^2}\times\lim_{n\to\infty}\dfrac{(2n-3)a_n}{(n+2)b_n}$

$=\displaystyle\lim_{n\to\infty}\dfrac{n^2+4n+4}{4n^2-12n+9}\times\dfrac{\lim_{n\to\infty}(2n-3)a_n}{\lim_{n\to\infty}(n+2)b_n}$

$=\dfrac{1}{4}\times\dfrac{3}{-2}=-\dfrac{3}{8}$　　　　**답** ④

09

$\displaystyle\lim_{n\to\infty}\dfrac{1}{\sqrt{n^2+4n+1}-n+1}$

$=\displaystyle\lim_{n\to\infty}\dfrac{\sqrt{n^2+4n+1}+(n-1)}{\{\sqrt{n^2+4n+1}-(n-1)\}\{\sqrt{n^2+4n+1}+(n-1)\}}$

$=\displaystyle\lim_{n\to\infty}\dfrac{\sqrt{n^2+4n+1}+n-1}{n^2+4n+1-(n-1)^2}$

$=\displaystyle\lim_{n\to\infty}\dfrac{\sqrt{n^2+4n+1}+n-1}{6n}$

$=\displaystyle\lim_{n\to\infty}\dfrac{\sqrt{1+\dfrac{4}{n}+\dfrac{1}{n^2}}+1-\dfrac{1}{n}}{6}$

$=\dfrac{1+1-0}{6}=\dfrac{1}{3}$　　　　**답** ①

10

등차수열 $\{a_n\}$의 첫째항이 3, 공차가 2이므로

$a_n=3+(n-1)\times2=2n+1$

$\therefore \displaystyle\lim_{n\to\infty}\sqrt{n}\left(\sqrt{a_{n+1}}-\sqrt{a_n}\right)$

$\quad=\displaystyle\lim_{n\to\infty}\sqrt{n}\left(\sqrt{2n+3}-\sqrt{2n+1}\right)$

$\quad=\displaystyle\lim_{n\to\infty}\dfrac{\sqrt{n}\left(\sqrt{2n+3}-\sqrt{2n+1}\right)\left(\sqrt{2n+3}+\sqrt{2n+1}\right)}{\sqrt{2n+3}+\sqrt{2n+1}}$

$\quad=\displaystyle\lim_{n\to\infty}\dfrac{2\sqrt{n}}{\sqrt{2n+3}+\sqrt{2n+1}}$

$\quad=\displaystyle\lim_{n\to\infty}\dfrac{2}{\sqrt{2+\dfrac{3}{n}}+\sqrt{2+\dfrac{1}{n}}}$

$\quad=\dfrac{2}{\sqrt{2}+\sqrt{2}}=\dfrac{1}{\sqrt{2}}=\dfrac{\sqrt{2}}{2}$　　　**답** ③

11

$2n+5<(7n+3)a_n<2n+6$에서

$7n+3>0$이므로

$\dfrac{2n+5}{7n+3}<a_n<\dfrac{2n+6}{7n+3}$

이때, $\displaystyle\lim_{n\to\infty}\dfrac{2n+5}{7n+3}=\dfrac{2}{7}$, $\displaystyle\lim_{n\to\infty}\dfrac{2n+6}{7n+3}=\dfrac{2}{7}$이므로

수열의 극한의 대소 관계에 의하여

$\displaystyle\lim_{n\to\infty}a_n=\dfrac{2}{7}$

따라서 $p=7$, $q=2$이므로 $p+q=9$　　　**답** 9

12

ㄱ. (참) n이 한없이 커짐에 따라 $\dfrac{1+(-1)^n}{n}$의 값은 0에 한없이

　가까워지므로

　$\displaystyle\lim_{n\to\infty}\dfrac{1+(-1)^n}{n}=0$

ㄴ. (거짓) $\displaystyle\lim_{n\to\infty}\dfrac{1}{\sqrt{n}\left(\sqrt{n+1}-\sqrt{n+3}\right)}$

$\quad=\displaystyle\lim_{n\to\infty}\dfrac{\sqrt{n+1}+\sqrt{n+3}}{\sqrt{n}\left(\sqrt{n+1}-\sqrt{n+3}\right)\left(\sqrt{n+1}+\sqrt{n+3}\right)}$

$\quad=\displaystyle\lim_{n\to\infty}\dfrac{\sqrt{n+1}+\sqrt{n+3}}{-2\sqrt{n}}$

$\quad=\displaystyle\lim_{n\to\infty}\dfrac{\sqrt{1+\dfrac{1}{n}}+\sqrt{1+\dfrac{3}{n}}}{-2}$

$\quad=\dfrac{1+1}{-2}=-1$

ㄷ. (거짓) 모든 자연수 n에 대하여 $(-1)^{2n}=1$이므로

$\quad\displaystyle\lim_{n\to\infty}\dfrac{n^2}{2n+1}\times(-1)^{2n}=\lim_{n\to\infty}\dfrac{n^2}{2n+1}$

$\qquad\qquad\qquad\qquad\quad=\displaystyle\lim_{n\to\infty}\dfrac{n}{2+\dfrac{1}{n}}=\infty$

따라서 옳은 것은 ㄱ뿐이다.　　　**답** ①

13

등비수열 $\{a_n\}$의 첫째항이 2, 공비가 3이므로

$a_n=2\times3^{n-1}$

$S_n=\dfrac{2(3^n-1)}{3-1}=3^n-1$

$\therefore \displaystyle\lim_{n\to\infty}\dfrac{a_n}{S_n}=\lim_{n\to\infty}\dfrac{2\times3^{n-1}}{3^n-1}$

$\qquad\qquad=\displaystyle\lim_{n\to\infty}\dfrac{\dfrac{2}{3}}{1-\left(\dfrac{1}{3}\right)^n}=\dfrac{\dfrac{2}{3}}{1-0}=\dfrac{2}{3}$　　　**답** ④

14

주어진 등비수열은 첫째항이 $x+3$이고 공비가 $\dfrac{2x-3}{5}$이므로 수

렴하려면

$x+3=0$ 또는 $-1<\dfrac{2x-3}{5}\leq1$

이어야 한다. 즉,

(i) $x+3=0$에서 $x=-3$

(ii) $-1<\dfrac{2x-3}{5}\leq1$에서 $-5<2x-3\leq5$이므로

　$-2<2x\leq8$　　$\therefore -1<x\leq4$

(i), (ii)에서

$x=-3$ 또는 $-1<x\leq4$

따라서 구하는 정수 x는 -3, 0, 1, 2, 3, 4이고 그 개수는 6이다.

　　　답 ②

15

(i) $|x|>1$일 때, $\displaystyle\lim_{n\to\infty}\dfrac{1}{x^n}=0$이므로

$\quad f(x)=\displaystyle\lim_{n\to\infty}\dfrac{x^n+ax+3}{x^{n-1}+1}=\lim_{n\to\infty}\dfrac{x+\dfrac{a}{x^{n-2}}+\dfrac{3}{x^{n-1}}}{1+\dfrac{1}{x^{n-1}}}=x$

(ii) $|x|<1$일 때, $\displaystyle\lim_{n\to\infty}x^n=0$이므로

$\quad f(x)=\displaystyle\lim_{n\to\infty}\dfrac{x^n+ax+3}{x^{n-1}+1}=\dfrac{ax+3}{1}=ax+3$

(iii) $x=1$일 때, $f(1)=\dfrac{a+4}{2}$

함수 $f(x)$가 $x=1$에서 연속이어야 하므로

$\displaystyle\lim_{x\to1+}f(x)=\lim_{x\to1-}f(x)=f(1)$

$1=a+3=\dfrac{a+4}{2}$　　$\therefore a=-2$　　　**답** ①

16

(i) $|x|>1$일 때, $\displaystyle\lim_{n\to\infty}\dfrac{1}{x^{2n}}=0$이므로

$\quad f(x)=\displaystyle\lim_{n\to\infty}\dfrac{x^{2n}+ax+b}{x^{2n}+2}$

$\qquad\quad=\displaystyle\lim_{n\to\infty}\dfrac{1+\dfrac{a}{x^{2n-1}}+\dfrac{b}{x^{2n}}}{1+\dfrac{2}{x^{2n}}}=1$

(i) $|x|<1$일 때, $\lim\limits_{n\to\infty}x^{2n}=0$이므로

$$f(x)=\lim_{n\to\infty}\frac{x^{2n}+ax+b}{x^{2n}+2}=\frac{ax+b}{2}$$

(iii) $x=1$일 때, $f(1)=\dfrac{1+a+b}{3}$

(iv) $x=-1$일 때, $f(-1)=\dfrac{1-a+b}{3}$

이때, 함수 $f(x)$가 실수 전체의 집합에서 연속이 되려면
$x=1$, $x=-1$을 제외한 모든 구간에서 연속이므로 $x=1$,
$x=-1$에서만 연속인 것을 보이면 된다.
$x=1$에서 연속이려면
$\lim\limits_{x\to1+}f(x)=\lim\limits_{x\to1-}f(x)=f(1)$이어야 하므로

$$1=\frac{a+b}{2}=\frac{1+a+b}{3}$$

$\therefore a+b=2$ $\qquad\qquad\qquad\cdots\cdots\ \bigcirc$

$x=-1$에서 연속이려면
$\lim\limits_{x\to-1+}f(x)=\lim\limits_{x\to-1-}f(x)=f(-1)$이어야 하므로

$$\frac{-a+b}{2}=1=\frac{1-a+b}{3}$$

$\therefore -a+b=2$ $\qquad\qquad\qquad\cdots\cdots\ \bigcirc\!\!\bigcirc$

$\bigcirc$, $\bigcirc\!\!\bigcirc$을 연립하여 풀면
$a=0$, $b=2$
$\therefore a^2+b^2=4$ $\qquad\qquad\qquad\qquad$ 🖪 **4**

02 | 급수

교과서 핵심 개념별 대표 유형 익히기   본문 15~18쪽

개념 **①** 급수의 수렴과 발산

개념 Check

1 첫째항부터 제n항까지의 부분합을 S_n이라 하면

(1) $S_n=1+3+5+7+\cdots+(2n-1)$

$$=\sum_{k=1}^{n}(2k-1)$$

$$=2\times\frac{n(n+1)}{2}-n=n^2$$

$$\therefore \lim_{n\to\infty}S_n=\lim_{n\to\infty}n^2=\infty$$

따라서 주어진 급수는 발산한다.

(2) (i) $n=2k$ (k는 자연수)일 때,

$$S_{2k}=(3-3)+(3-3)+\cdots+(3-3)=0$$

$$\therefore \lim_{k\to\infty}S_{2k}=0$$

(ii) $n=2k-1$ (k는 자연수)일 때,

$$S_{2k-1}=3+(-3+3)+(-3+3)+\cdots+(-3+3)=3$$

$$\therefore \lim_{k\to\infty}S_{2k-1}=3$$

(i), (ii)에 의하여

$$\lim_{k\to\infty}S_{2k}\neq\lim_{k\to\infty}S_{2k-1}$$

따라서 주어진 급수는 발산한다.

(3) (i) $n=2k$ (k는 자연수)일 때,

$$S_{2k}=\left(1-\frac{1}{2}\right)+\left(\frac{1}{2}-\frac{1}{3}\right)+\cdots+\left(\frac{1}{k}-\frac{1}{k+1}\right)$$

$$=1-\frac{1}{k+1}$$

$$\therefore \lim_{k\to\infty}S_{2k}=\lim_{k\to\infty}\left(1-\frac{1}{k+1}\right)=1$$

(ii) $n=2k-1$ (k는 자연수)일 때,

$$S_{2k-1}=1+\left(-\frac{1}{2}+\frac{1}{2}\right)+\left(-\frac{1}{3}+\frac{1}{3}\right)+\cdots+\left(-\frac{1}{k}+\frac{1}{k}\right)=1$$

$$\therefore \lim_{k\to\infty}S_{2k-1}=\lim_{k\to\infty}1=1$$

(i), (ii)에 의하여 $\lim\limits_{k\to\infty}S_{2k}=\lim\limits_{k\to\infty}S_{2k-1}$

따라서 주어진 급수는 1에 수렴한다.

🖪 (1) 발산 (2) 발산 (3) 수렴, 1

유형 **01**

주어진 급수의 부분합 S_n은

$$S_n=\sum_{k=1}^{n}\frac{1}{(2k)^2-1}$$

$$=\sum_{k=1}^{n}\frac{1}{(2k-1)(2k+1)}$$

$$=\frac{1}{2}\sum_{k=1}^{n}\left(\frac{1}{2k-1}-\frac{1}{2k+1}\right)$$

$$=\frac{1}{2}\left\{\left(1-\frac{1}{3}\right)+\left(\frac{1}{3}-\frac{1}{5}\right)+\cdots+\left(\frac{1}{2n-1}-\frac{1}{2n+1}\right)\right\}$$

$$=\frac{1}{2}\left(1-\frac{1}{2n+1}\right)$$

$$\therefore \sum_{n=1}^{\infty}\frac{1}{(2n)^2-1}=\lim_{n\to\infty}S_n$$

$$=\lim_{n\to\infty}\frac{1}{2}\left(1-\frac{1}{2n+1}\right)$$

$$=\frac{1}{2}\times(1-0)=\frac{1}{2} \qquad \text{답 } \frac{1}{2}$$

01-1

주어진 급수의 부분합 S_n은

$$S_n=\sum_{k=1}^{n}\frac{1}{(3k-2)(3k+1)}$$

$$=\frac{1}{3}\sum_{k=1}^{n}\left(\frac{1}{3k-2}-\frac{1}{3k+1}\right)$$

$$=\frac{1}{3}\left\{\left(1-\frac{1}{4}\right)+\left(\frac{1}{4}-\frac{1}{7}\right)+\cdots+\left(\frac{1}{3n-2}-\frac{1}{3n+1}\right)\right\}$$

$$=\frac{1}{3}\left(1-\frac{1}{3n+1}\right)$$

$$\therefore \lim_{n\to\infty}S_n=\lim_{n\to\infty}\frac{1}{3}\left(1-\frac{1}{3n+1}\right)$$

$$=\frac{1}{3}\times(1-0)=\frac{1}{3}$$

따라서 $p=3$, $q=1$이므로

$$p+q=4 \qquad \text{답 } 4$$

유형 02

$\sum_{n=1}^{\infty}a_n=\lim_{n\to\infty}S_n$이므로

$$\sum_{n=1}^{\infty}a_n=\lim_{n\to\infty}\frac{2n^2+n-1}{n^2+1}$$

$$=\lim_{n\to\infty}\frac{2+\frac{1}{n}-\frac{1}{n^2}}{1+\frac{1}{n^2}}$$

$$=\frac{2+0-0}{1+0}=2$$

· 보충 설명

$\frac{\infty}{\infty}$ 꼴에서 (분모의 차수)=(분자의 차수)이면 분모, 분자의 최고 차항의 계수의 비로 극한값을 구할 수도 있다. 즉,

$$\lim_{n\to\infty}\frac{2n^2+n-1}{n^2+1}=\frac{2}{1}=2 \qquad \text{답 } 2$$

02-1

$\sum_{n=1}^{\infty}a_n=\lim_{n\to\infty}S_n$이므로

$$\sum_{n=1}^{\infty}a_n=\lim_{n\to\infty}\frac{n(2n+1)(3n-1)}{2n^3-n+4}$$

$$=\lim_{n\to\infty}\frac{6n^3+n^2-n}{2n^3-n+4}$$

$$=\lim_{n\to\infty}\frac{6+\frac{1}{n}-\frac{1}{n^2}}{2-\frac{1}{n^2}+\frac{4}{n^3}}$$

$$=\frac{6+0-0}{2-0+0}=3 \qquad \text{답 } 3$$

개념 ② 급수와 수열의 극한 사이의 관계

개념 Check

1 (1) 주어진 급수는 첫째항이 2, 공차가 2인 등차수열의 합이므로 제n항을 a_n이라 하면

$$a_n=2+(n-1)\times2=2n$$

$$\therefore \lim_{n\to\infty}a_n=\lim_{n\to\infty}2n=\infty\neq0$$

따라서 주어진 급수는 발산한다.

(2) 주어진 급수의 제n항을 a_n이라 하면

$$a_n=\frac{n}{n+1}$$

$$\therefore \lim_{n\to\infty}a_n=\lim_{n\to\infty}\frac{n}{n+1}=1\neq0$$

따라서 주어진 급수는 발산한다.

(3) $\displaystyle\lim_{n\to\infty}(\sqrt{n^2+n}-n)=\lim_{n\to\infty}\frac{(\sqrt{n^2+n}-n)(\sqrt{n^2+n}+n)}{\sqrt{n^2+n}+n}$

$$=\lim_{n\to\infty}\frac{(n^2+n)-n^2}{\sqrt{n^2+n}+n}$$

$$=\lim_{n\to\infty}\frac{n}{\sqrt{n^2+n}+n}$$

$$=\lim_{n\to\infty}\frac{1}{\sqrt{1+\frac{1}{n}}+1}=\frac{1}{2}\neq0$$

따라서 주어진 급수는 발산한다. $\qquad \text{답 풀이 참조}$

2 (1) $\displaystyle\sum_{n=1}^{\infty}(a_n+b_n)=\sum_{n=1}^{\infty}a_n+\sum_{n=1}^{\infty}b_n=2+3=5$

(2) $\displaystyle\sum_{n=1}^{\infty}(2a_n-b_n)=\sum_{n=1}^{\infty}2a_n-\sum_{n=1}^{\infty}b_n$

$$=2\sum_{n=1}^{\infty}a_n-\sum_{n=1}^{\infty}b_n$$

$$=2\times2-3=1 \qquad \text{답 (1) 5 (2) 1}$$

유형 03

급수 $\displaystyle\sum_{n=1}^{\infty}(a_n-2n)$이 수렴하므로 $\displaystyle\lim_{n\to\infty}(a_n-2n)=0$

$a_n-2n=b_n$이라 하면 $a_n=b_n+2n$이고 $\displaystyle\lim_{n\to\infty}b_n=0$이므로

$$\lim_{n\to\infty}\frac{a_n+4n-1}{3a_n-2}=\lim_{n\to\infty}\frac{b_n+6n-1}{3b_n+6n-2}$$

$$=\lim_{n\to\infty}\frac{\frac{b_n}{n}+6-\frac{1}{n}}{\frac{3b_n}{n}+6-\frac{2}{n}}$$

$$=\frac{0+6-0}{0+6-0}=1 \qquad \text{답 } 1$$

유형 ⑧

$\sqrt{x}+\sqrt{y}=3$의 양변을 x에 대하여 미분하면

$$\frac{1}{2\sqrt{x}}+\frac{1}{2\sqrt{y}}\frac{dy}{dx}=0,\ \frac{1}{2\sqrt{y}}\frac{dy}{dx}=-\frac{1}{2\sqrt{x}}$$

$$\therefore \frac{dy}{dx}=-\frac{\sqrt{y}}{\sqrt{x}}\ (\text{단},\ x\neq 0)$$

따라서 $x=1$, $y=4$일 때, $\dfrac{dy}{dx}$의 값은

$$-\frac{\sqrt{4}}{\sqrt{1}}=-2 \qquad \text{답 ②}$$

08-1

$x^3+y^2+12xy+21=0$의 양변을 x에 대하여 미분하면

$$3x^2+2y\frac{dy}{dx}+12y+12x\frac{dy}{dx}=0$$

$$(12x+2y)\frac{dy}{dx}=-(3x^2+12y)$$

$$\therefore \frac{dy}{dx}=-\frac{3x^2+12y}{12x+2y}\ (\text{단},\ y\neq -6x)$$

따라서 $x=-1$, $y=2$일 때, $\dfrac{dy}{dx}$의 값은

$$-\frac{3\times(-1)^2+12\times 2}{12\times(-1)+2\times 2}=\frac{27}{8} \qquad \text{답 ④}$$

개념 ⑤ 역함수의 미분법과 이계도함수

개념 Check

1 (1) $x=y^3$의 양변을 y에 대하여 미분하면

$$\frac{dx}{dy}=3y^2$$

$$\therefore \frac{dy}{dx}=\frac{1}{\frac{dx}{dy}}=\frac{1}{3y^2}=\frac{1}{3\sqrt[3]{x^2}}$$

(2) $x=3y^2-2y+1$의 양변을 y에 대하여 미분하면

$$\frac{dx}{dy}=6y-2$$

$$\therefore \frac{dy}{dx}=\frac{1}{\frac{dx}{dy}}=\frac{1}{6y-2}\left(\text{단},\ y\neq\frac{1}{3}\right)$$

(3) $y=\sqrt[4]{x+2}$에서 $y^4=x+2$

$$\therefore x=y^4-2$$

양변을 y에 대하여 미분하면

$$\frac{dx}{dy}=4y^3$$

$$\therefore \frac{dy}{dx}=\frac{1}{\frac{dx}{dy}}=\frac{1}{4y^3}=\frac{1}{4\sqrt[4]{(x+2)^3}}$$

$$\text{답 } (1)\ \frac{dy}{dx}=\frac{1}{3\sqrt[3]{x^2}}$$

$$(2)\ \frac{dy}{dx}=\frac{1}{6y-2}\left(\text{단},\ y\neq\frac{1}{3}\right)$$

$$(3)\ \frac{dy}{dx}=\frac{1}{4\sqrt[4]{(x+2)^3}}$$

2 (1) $y'=3x^2+4$이므로 $y''=6x$

(2) $y'=-2\sin 2x$이므로 $y''=-4\cos 2x$

(3) $y'=2e^{2x+1}$이므로 $y''=4e^{2x+1}$

$$\text{답 } (1)\ y''=6x\ \ (2)\ y''=-4\cos 2x\ \ (3)\ y''=4e^{2x+1}$$

유형 ⑨

$g(4)=a$라 하면 $f(a)=4$, 즉

$$a^3+2a+1=4,\ a^3+2a-3=0$$

$$(a-1)(a^2+a+3)=0$$

$$\therefore a=1\ (\because a^2+a+3>0)$$

따라서 $g(4)=1$이고 $f'(x)=3x^2+2$이므로

$$g'(4)=\frac{1}{f'(g(4))}=\frac{1}{f'(1)}=\frac{1}{5} \qquad \text{답 ④}$$

09-1

$x=\sqrt{y^2+2y}+3$의 양변을 y에 대하여 미분하면

$$\frac{dx}{dy}=\frac{2y+2}{2\sqrt{y^2+2y}}=\frac{y+1}{\sqrt{y^2+2y}}$$

$$\therefore \frac{dy}{dx}=\frac{\sqrt{y^2+2y}}{y+1}$$

따라서 $y=2$일 때, $\dfrac{dy}{dx}$의 값은

$$\frac{\sqrt{2^2+2\times 2}}{2+1}=\frac{2\sqrt{2}}{3} \qquad \text{답 ②}$$

유형 ⑩

$f(x)=\ln(x^2+3)$에서

$$f'(x)=\frac{(x^2+3)'}{x^2+3}=\frac{2x}{x^2+3}$$

$$f''(x)=\frac{2(x^2+3)-2x\times 2x}{(x^2+3)^2}=\frac{-2x^2+6}{(x^2+3)^2}$$

$$\therefore f''(1)=\frac{-2+6}{4^2}=\frac{1}{4} \qquad \text{답 ①}$$

10-1

$$\lim_{x\to 0}\frac{f'(x)-f'(0)}{x}=\lim_{x\to 0}\frac{f'(x)-f'(0)}{x-0}=f''(0)$$

이때,

$$f'(x)=e^x\sin x+e^x\cos x=e^x(\sin x+\cos x)$$

$$f''(x)=e^x(\sin x+\cos x)+e^x(\cos x-\sin x)=2e^x\cos x$$

이므로

$$f''(0)=2e^0\cos 0=2 \qquad \text{답 ④}$$

01 ①	**02** ③	**03** ①	**04** ④	**05** 1
06 ④	**07** ②	**08** ①	**09** ⑤	**10** ②
11 ①	**12** ①	**13** ⑤	**14** ③	**15** 1
16 ①				

01

$f(x) = \dfrac{x^2+x+1}{x-1}$ 에서

$f'(x) = \dfrac{(2x+1)(x-1)-(x^2+x+1)}{(x-1)^2}$

$\qquad = \dfrac{x^2-2x-2}{(x-1)^2}$

$\therefore f'(-1) = \dfrac{1+2-2}{(-1-1)^2} = \dfrac{1}{4}$　　　답 ①

02

$f(x) = \dfrac{1}{3x-4}$ 에서 $f'(x) = -\dfrac{3}{(3x-4)^2}$

$\therefore \lim\limits_{x \to 2} \dfrac{f(x)-f(2)}{x-2} = f'(2) = -\dfrac{3}{4}$　　답 ③

03

$f(0) = \dfrac{\cos 0}{1+\tan 0} = \dfrac{1}{1+0} = 1$ 이므로

$\lim\limits_{x \to 0} \dfrac{f(x)-1}{x} = \lim\limits_{x \to 0} \dfrac{f(x)-f(0)}{x-0}$

$\qquad\qquad\qquad = f'(0)$

이때,

$f'(x) = \dfrac{-\sin x(1+\tan x) - \cos x \sec^2 x}{(1+\tan x)^2}$

$\qquad = \dfrac{-\sin x(1+\tan x) - \sec x}{(1+\tan x)^2}$

$\therefore f'(0) = \dfrac{0 \times (1+0) - 1}{(1+0)^2} = -1$　　답 ①

04

$y = \{f(x)\}^5$ 에서

$y' = 5\{f(x)\}^4 f'(x)$

따라서 함수 $y = \{f(x)\}^5$의 $x=2$에서의 미분계수는

$5\{f(2)\}^4 f'(2) = 5 \times (-2)^4 \times 3 = 240$　　답 ④

05

$f(3x+1) = 2x^2 - x + 3$의 양변을 x에 대하여 미분하면

$3f'(3x+1) = 4x - 1$

양변에 $x=1$을 대입하면

$3f'(4) = 3$　　$\therefore f'(4) = 1$　　답 1

06

$\lim\limits_{x \to 0} \dfrac{f(x)-1}{x} = 3$에서 극한값이 존재하고, $x \to 0$일 때

(분모) $\to 0$이므로 (분자) $\to 0$이어야 한다. 즉,

$\lim\limits_{x \to 0} \{f(x)-1\} = 0$　　$\therefore \lim\limits_{x \to 0} f(x) = 1$

그런데 $f(x)$는 연속함수이므로 $f(0) = \lim\limits_{x \to 0} f(x) = 1$

$\therefore \lim\limits_{x \to 0} \dfrac{f(x)-1}{x} = \lim\limits_{x \to 0} \dfrac{f(x)-f(0)}{x-0} = f'(0) = 3$

$\lim\limits_{x \to 1} \dfrac{g(x)-2}{x-1} = 5$에서 극한값이 존재하고, $x \to 1$일 때

(분모) $\to 0$이므로 (분자) $\to 0$이어야 한다. 즉,

$\lim\limits_{x \to 1} \{g(x)-2\} = 0$　　$\therefore \lim\limits_{x \to 1} g(x) = 2$

그런데 $g(x)$는 연속함수이므로 $g(1) = \lim\limits_{x \to 1} g(x) = 2$

$\therefore \lim\limits_{x \to 1} \dfrac{g(x)-2}{x-1} = \lim\limits_{x \to 1} \dfrac{g(x)-g(1)}{x-1} = g'(1) = 5$

$h(x) = (g \circ f)(x) = g(f(x))$라 하면

$h'(x) = g'(f(x))f'(x)$

따라서 함수 $(g \circ f)(x)$의 $x=0$에서의 미분계수는

$g'(f(0))f'(0) = g'(1)f'(0) = 5 \times 3 = 15$　　답 ④

07

$f(x) = \ln(\cos^2 x)$에서

$f'(x) = \dfrac{(\cos^2 x)'}{\cos^2 x} = \dfrac{2\cos x(-\sin x)}{\cos^2 x}$

$\qquad = -\dfrac{2\sin x}{\cos x} = -2\tan x$

$\therefore f'\left(\dfrac{\pi}{3}\right) = -2\tan\dfrac{\pi}{3} = -2\sqrt{3}$　　답 ②

08

$f(x) = \dfrac{(x+2)(x+4)^4}{(x+1)^2(x+3)^3}$의 양변의 절댓값에 자연로그를 취하면

$\ln|f(x)| = \ln\left|\dfrac{(x+2)(x+4)^4}{(x+1)^2(x+3)^3}\right|$

$\qquad\qquad = \ln|x+2| + 4\ln|x+4| - 2\ln|x+1| - 3\ln|x+3|$

위의 식의 양변을 x에 대하여 미분하면

$\dfrac{f'(x)}{f(x)} = \dfrac{1}{x+2} + \dfrac{4}{x+4} - \dfrac{2}{x+1} - \dfrac{3}{x+3}$

$\therefore \dfrac{f'(0)}{f(0)} = \dfrac{1}{2} + 1 - 2 - 1 = -\dfrac{3}{2}$　　답 ①

09

$y = \dfrac{k}{x^k}$ (k는 자연수)에서 $y' = k \times \dfrac{-kx^{k-1}}{(x^k)^2} = \dfrac{-k^2}{x^{k+1}}$

즉, $f(x) = \dfrac{1}{x} + \dfrac{2}{x^2} + \dfrac{3}{x^3} + \cdots + \dfrac{7}{x^7}$에서

$f'(x) = -\dfrac{1}{x^2} - \dfrac{2^2}{x^3} - \dfrac{3^2}{x^4} - \cdots - \dfrac{7^2}{x^8}$

$\therefore f'(1) = -1 - 2^2 - 3^2 - \cdots - 7^2$

$\qquad\quad = -\sum\limits_{k=1}^{7} k^2 = -\dfrac{7 \times 8 \times 15}{6}$

$\qquad\quad = -140$　　답 ⑤

10

$\dfrac{dx}{dt}=-2t$, $\dfrac{dy}{dt}=4t+1$이므로

$\dfrac{dy}{dx}=\dfrac{\dfrac{dy}{dt}}{\dfrac{dx}{dt}}=\dfrac{4t+1}{-2t}$ (단, $t\neq0$)

$t=a$일 때, $\dfrac{dy}{dx}$의 값이 $-\dfrac{3}{2}$이므로

$\dfrac{4a+1}{-2a}=-\dfrac{3}{2}$ $\therefore a=-1$ 답 ②

11

$x\ln x+y^2-y=0$의 양변을 x에 대하여 미분하면

$\ln x+x\times\dfrac{1}{x}+2y\dfrac{dy}{dx}-\dfrac{dy}{dx}=0$

$\ln x+1+(2y-1)\dfrac{dy}{dx}=0$

$\therefore \dfrac{dy}{dx}=-\dfrac{\ln x+1}{2y-1}$ $\left(\text{단, } y\neq\dfrac{1}{2}\right)$

따라서 $x=1$, $y=1$일 때, $\dfrac{dy}{dx}$의 값은

$-\dfrac{\ln 1+1}{2\times1-1}=-1$ 답 ①

12

$g(6)=a$라 하면 $f(a)=6$, 즉

$a^3+2a^2+3a=6$, $a^3+2a^2+3a-6=0$

$(a-1)(a^2+3a+6)=0$

이때, $a^2+3a+6=\left(a+\dfrac{3}{2}\right)^2+\dfrac{15}{4}>0$이므로 $a=1$

따라서 $g(6)=1$이고, $f'(x)=3x^2+4x+3$이므로

$g'(6)=\dfrac{1}{f'(g(6))}=\dfrac{1}{f'(1)}=\dfrac{1}{3+4+3}=\dfrac{1}{10}$ 답 ①

13

$f(x)=\sqrt{x^2-x}$ $(x\geq1)$에서

$f'(x)=\dfrac{2x-1}{2\sqrt{x^2-x}}$ $\therefore f'(2)=\dfrac{3}{2\sqrt{2}}=\dfrac{3\sqrt{2}}{4}$

$g(\sqrt{6})=a$ $(a\geq1)$이라 하면 $f(a)=\sqrt{6}$, 즉

$\sqrt{a^2-a}=\sqrt{6}$, $a^2-a=6$

$(a+2)(a-3)=0$ $\therefore a=3$ $(\because a\geq1)$

따라서 $g(\sqrt{6})=3$이므로

$g'(\sqrt{6})=\dfrac{1}{f'(g(\sqrt{6}))}=\dfrac{1}{f'(3)}=\dfrac{2\sqrt{6}}{5}$

$\therefore f'(2)g'(\sqrt{6})=\dfrac{3\sqrt{2}}{4}\times\dfrac{2\sqrt{6}}{5}$

$=\dfrac{3\sqrt{3}}{5}$ 답 ⑤

14

$\displaystyle\lim_{x\to2}\dfrac{g(x)+3}{x-2}=2$에서 극한값이 존재하고, $x\to2$일 때

(분모)$\to0$이므로 (분자)$\to0$이어야 한다. 즉,

$\displaystyle\lim_{x\to2}\{g(x)+3\}=0$ $\therefore \displaystyle\lim_{x\to2}g(x)=-3$

그런데 $g(x)$는 연속함수이므로

$g(2)=\displaystyle\lim_{x\to2}g(x)=-3$ ······ ㉠

$\therefore \displaystyle\lim_{x\to2}\dfrac{g(x)+3}{x-2}=\lim_{x\to2}\dfrac{g(x)-g(2)}{x-2}$

$=g'(2)=2$ ······ ㉡

$f(x)$는 $g(x)$의 역함수이므로 ㉠에서 $f(-3)=2$

$\therefore f'(-3)=\dfrac{1}{g'(f(-3))}=\dfrac{1}{g'(2)}=\dfrac{1}{2}$ $(\because ㉡)$ 답 ③

15

$f(x)=(x^2+2)\ln x$에서

$f'(x)=2x\ln x+(x^2+2)\times\dfrac{1}{x}$

$=2x\ln x+x+\dfrac{2}{x}$

이므로

$f'(1)=2\times1\times\ln 1+1+\dfrac{2}{1}=3$

$\therefore \displaystyle\lim_{x\to1}\dfrac{f'(x)-3}{x-1}=\lim_{x\to1}\dfrac{f'(x)-f'(1)}{x-1}=f''(1)$

이때,

$f''(x)=2\ln x+2x\times\dfrac{1}{x}+1-\dfrac{2}{x^2}$

$=2\ln x-\dfrac{2}{x^2}+3$

이므로

$f''(1)=2\ln 1-2+3=1$ 답 1

16

$y=e^x\sin 2x$에서

$y'=e^x\sin 2x+e^x\times2\cos 2x$

$=e^x(\sin 2x+2\cos 2x)$

$y''=e^x(\sin 2x+2\cos 2x)+e^x(2\cos 2x-4\sin 2x)$

$=e^x(4\cos 2x-3\sin 2x)$

이것을 $y''+ay'+by=0$에 대입하면

$e^x(4\cos 2x-3\sin 2x)+ae^x(\sin 2x+2\cos 2x)$

$+be^x\sin 2x=0$

$e^x\{(a+b-3)\sin 2x+(2a+4)\cos 2x\}=0$

위의 등식이 모든 실수 x에 대하여 성립해야 하므로

$a+b-3=0$, $2a+4=0$

$\therefore a=-2$, $b=5$

$\therefore ab=-2\times5=-10$ 답 ①

04 | 도함수의 활용(1)

 개념 **1**　접선의 방정식

개념 Check

1 $f(x)=\ln x$로 놓으면 $f'(x)=\dfrac{1}{x}$

점 $(1,\,0)$에서의 접선의 기울기는 $f'(1)=1$이므로 접선의 방정식은

$y-0=1\times(x-1)$

$\therefore y=x-1$　　　　답 $y=x-1$

2 $x^2+y^2=25$의 양변을 x에 대하여 미분하면

$2x+2y\dfrac{dy}{dx}=0,\ 2y\dfrac{dy}{dx}=-2x$

$\therefore \dfrac{dy}{dx}=-\dfrac{x}{y}$ (단, $y\neq0$)

따라서 원 위의 점 $(3,\,4)$에서의 접선의 기울기는 $-\dfrac{3}{4}$이므로 접선의 방정식은

$y-4=-\dfrac{3}{4}(x-3)$　　$\therefore y=-\dfrac{3}{4}x+\dfrac{25}{4}$

답 $y=-\dfrac{3}{4}x+\dfrac{25}{4}$

유형 **01**

$f(x)=\sqrt{x}$로 놓으면 $f'(x)=\dfrac{1}{2\sqrt{x}}$

점 $(9,\,3)$에서의 접선의 기울기는

$f'(9)=\dfrac{1}{2\sqrt{9}}=\dfrac{1}{6}$

이므로 접선의 방정식은

$y-3=\dfrac{1}{6}(x-9)$

$\therefore y=\dfrac{1}{6}x+\dfrac{3}{2}$

따라서 $a=\dfrac{1}{6}$, $b=\dfrac{3}{2}$이므로

$ab=\dfrac{1}{6}\times\dfrac{3}{2}=\dfrac{1}{4}$　　　　답 $\dfrac{1}{4}$

01-1

$f(x)=(\ln x)^2$으로 놓으면 $f'(x)=2\ln x\times\dfrac{1}{x}$

점 $(e,\,1)$에서의 접선의 기울기는

$f'(e)=2\ln e\times\dfrac{1}{e}=\dfrac{2}{e}$

이므로 접선의 방정식은

$y-1=\dfrac{2}{e}(x-e)$

$\therefore y=\dfrac{2}{e}x-1$

따라서 접선의 x절편과 y절편은 각각 $\dfrac{e}{2}$, -1이므로 구하는 삼각형의 넓이는

$\dfrac{1}{2}\times\dfrac{e}{2}\times1=\dfrac{e}{4}$　　　　답 ③

01-2

$\dfrac{dx}{dt}=3t^2,\ \dfrac{dy}{dt}=4t$이므로

$\dfrac{dy}{dx}=\dfrac{\dfrac{dy}{dt}}{\dfrac{dx}{dt}}=\dfrac{4t}{3t^2}=\dfrac{4}{3t}$ (단, $t\neq0$)

$t=1$일 때, $x=1^3-1=0,\ y=2\times1^2-1=1,\ \dfrac{dy}{dx}=\dfrac{4}{3}$이므로 접선의 방정식은

$y-1=\dfrac{4}{3}(x-0)$

$\therefore y=\dfrac{4}{3}x+1$　　　　답 $y=\dfrac{4}{3}x+1$

유형 **02**

$f(x)=\sqrt{4-x}=(4-x)^{\frac{1}{2}}$으로 놓으면

$f'(x)=\dfrac{1}{2}(4-x)^{-\frac{1}{2}}\times(-1)=-\dfrac{1}{2\sqrt{4-x}}$

접점의 좌표를 $(t,\,\sqrt{4-t}\,)(t<4)$라 하면 이 점에서의 접선의 기울기는

$f'(t)=-\dfrac{1}{2\sqrt{4-t}}$

이므로 접선의 방정식은

$y-\sqrt{4-t}=-\dfrac{1}{2\sqrt{4-t}}(x-t)$

이 직선이 점 $(5,\,0)$을 지나므로

$-\sqrt{4-t}=-\dfrac{5-t}{2\sqrt{4-t}},\ 2(4-t)=5-t$

$\therefore t=3$

따라서 접점의 x좌표는 3이다.　　　　답 3

02-1

$f(x)=e^x$으로 놓으면 $f'(x)=e^x$

접점의 좌표를 $(t,\,e^t)$이라 하면 이 점에서의 접선의 기울기는

$f'(t)=e^t$이므로 접선의 방정식은

$y-e^t=e^t(x-t)$　　　　　　……㉠

이 직선이 원점을 지나므로

$-e^t=-te^t$　　$\therefore t=1\ (\because e^t>0)$

$t=1$을 ㉠에 대입하면

$y-e=e(x-1)$　　$\therefore y=ex$

따라서 $\tan\theta=e$이다.　　　　답 ④

개념 ② 함수의 증가와 감소

개념 Check

1 (1) $f(x)=x+\dfrac{1}{x}$에서 $x\neq0$이고

$$f'(x)=1-\dfrac{1}{x^2}$$

$f'(x)=0$에서 $\dfrac{1}{x^2}=1$, $x^2=1$

$\therefore x=-1$ 또는 $x=1$

x	$\cdots$	-1	$\cdots$	(0)	$\cdots$	1	$\cdots$
$f'(x)$	$+$	0	$-$		$-$	0	$+$
$f(x)$	$\nearrow$		$\searrow$		$\searrow$		$\nearrow$

따라서 함수 $f(x)$는 구간 $(-\infty,\ -1]$, $[1,\ \infty)$에서 증가하고, 구간 $[-1,\ 0)$, $(0,\ 1]$에서 감소한다.

(2) $f(x)=3x-e^x$에서 $f'(x)=3-e^x$

$f'(x)=0$에서 $3=e^x$

$\therefore x=\ln 3$

x	$\cdots$	$\ln 3$	$\cdots$
$f'(x)$	$+$	0	$-$
$f(x)$	$\nearrow$		$\searrow$

따라서 함수 $f(x)$는 구간 $(-\infty,\ \ln 3]$에서 증가하고, 구간 $[\ln 3,\ \infty)$에서 감소한다.

(3) $f(x)=x-\ln x$에서 $x>0$이고

$$f'(x)=1-\dfrac{1}{x}$$

$f'(x)=0$에서 $\dfrac{1}{x}=1$

$\therefore x=1$

x	(0)	$\cdots$	1	$\cdots$
$f'(x)$		$-$	0	$+$
$f(x)$		$\searrow$		$\nearrow$

따라서 함수 $f(x)$는 구간 $(0,\ 1]$에서 감소하고, 구간 $[1,\ \infty)$에서 증가한다.

답 (1) 구간 $(-\infty,\ -1]$, $[1,\ \infty)$에서 증가
구간 $[-1,\ 0)$, $(0,\ 1]$에서 감소
(2) 구간 $(-\infty,\ \ln 3]$에서 증가
구간 $[\ln 3,\ \infty)$에서 감소
(3) 구간 $(0,\ 1]$에서 감소
구간 $[1,\ \infty)$에서 증가

유형 03

$f(x)=x^2 e^{-x}$에서

$f'(x)=2xe^{-x}+x^2 e^{-x}\times(-1)=x(2-x)e^{-x}$

$f'(x)=0$에서 $x(2-x)=0\ (\because e^{-x}>0)$

$\therefore x=0$ 또는 $x=2$

x	$\cdots$	0	$\cdots$	2	$\cdots$
$f'(x)$	$-$	0	$+$	0	$-$
$f(x)$	$\searrow$		$\nearrow$		$\searrow$

따라서 함수 $f(x)$는 구간 $(-\infty,\ 0]$, $[2,\ \infty)$에서 감소하고, 구간 $[0,\ 2]$에서 증가하므로

$\alpha=0$, $\beta=2$

$\therefore \alpha+\beta=0+2=2$

답 2

03-1

$f(x)=x^2\ln x$로 놓으면 $x>0$이고

$f'(x)=2x\ln x+x^2\times\dfrac{1}{x}=x(2\ln x+1)$

$f'(x)=0$에서 $2\ln x+1=0\ (\because x>0)$

$\ln x=-\dfrac{1}{2}\qquad \therefore x=e^{-\frac{1}{2}}=\dfrac{1}{\sqrt{e}}$

x	(0)	$\cdots$	$\dfrac{1}{\sqrt{e}}$	$\cdots$
$f'(x)$		$-$	0	$+$
$f(x)$		$\searrow$		$\nearrow$

따라서 함수 $f(x)$는 구간 $\left(0,\ \dfrac{1}{\sqrt{e}}\right]$에서 감소하고, 구간 $\left[\dfrac{1}{\sqrt{e}},\ \infty\right)$에서 증가하므로 $f(x)$가 감소하는 구간에 속하는 수는

① $\dfrac{1}{2\sqrt{e}}$이다.

답 ①

유형 04

$f(x)=ax+\sin x$에서 $f'(x)=a+\cos x$

함수 $f(x)$가 실수 전체의 집합에서 증가하므로 모든 실수 x에 대하여 $f'(x)\geq0$이다.

이때, 모든 실수 x에 대하여 $-1\leq\cos x\leq1$이므로

$-1+a\leq a+\cos x\leq1+a$

$\therefore -1+a\leq f'(x)\leq1+a$

따라서 $-1+a\geq0$이어야 하므로

$a\geq1$

그러므로 실수 a의 최솟값은 1이다.

답 1

04-1

$f(x)=(x^2+ax+1)e^{-2x}$에서

$f'(x)=(2x+a)e^{-2x}+(x^2+ax+1)e^{-2x}\times(-2)$
$\qquad=\{-2x^2+2(1-a)x+a-2\}e^{-2x}$

함수 $f(x)$가 실수 전체의 집합에서 감소하면 모든 실수 x에 대하여 $f'(x)\leq0$이다.

이때, $e^{-2x}>0$이므로 모든 실수 x에 대하여 $f'(x)\leq0$이 성립하려면 $-2x^2+2(1-a)x+a-2\leq0$이어야 한다.

이차방정식 $-2x^2+2(1-a)x+a-2=0$의 판별식을 D라 하면

$\dfrac{D}{4}=(1-a)^2-(-2)\times(a-2)\leq0$

$a^2-3\leq0$, $(a+\sqrt{3})(a-\sqrt{3})\leq0$

$\therefore -\sqrt{3}\leq a\leq\sqrt{3}$

따라서 실수 a의 값이 될 수 없는 것은 ⑤ 2이다.

답 ⑤

유형 **05**

$f(x)=x\ln x$에서 $x>0$이고
$f'(x)=\ln x+1$

$f'(x)=0$에서 $\ln x=-1$ $\quad\therefore x=\dfrac{1}{e}$

x	(0)	$\cdots$	$\dfrac{1}{e}$	$\cdots$
$f'(x)$		$-$	0	$+$
$f(x)$		$\searrow$	$-\dfrac{1}{e}$	$\nearrow$

따라서 함수 $f(x)$는 $x=\dfrac{1}{e}$에서 극솟값 $f\left(\dfrac{1}{e}\right)=-\dfrac{1}{e}$을 가지므로

$a=\dfrac{1}{e}$, $b=-\dfrac{1}{e}$

$\therefore a+b=\dfrac{1}{e}+\left(-\dfrac{1}{e}\right)=0$ **답** ③

05-1

함수 $f(x)$는 $f'(x)$의 부호가 바뀌는
점에서 극값을 갖는다.
$x=a$, $x=c$의 좌우에서 $f'(x)$의 부
호가 음에서 양으로 바뀌므로 $f(x)$는
$x=a$, $x=c$에서 극솟값을 갖는다.
$\therefore n=2$
또한 $x=b$, $x=e$의 좌우에서 $f'(x)$의 부호가 양에서 음으로 바
뀌므로 $f(x)$는 $x=b$, $x=e$에서 극댓값을 갖는다.
$\therefore m=2$
$\therefore m-n=2-2=0$ **답** 0

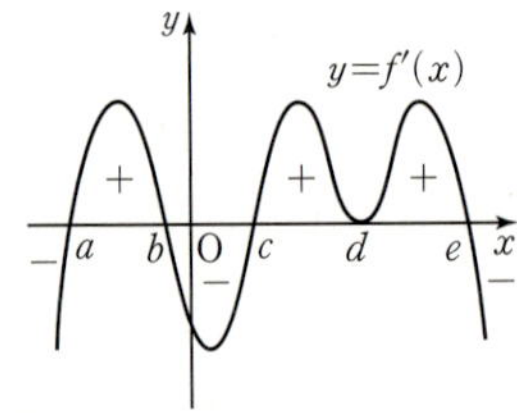

05-2

$f(x)=x^2e^x$에서
$f'(x)=2xe^x+x^2e^x=x(x+2)e^x$
$f'(x)=0$에서 $x(x+2)=0$ $(\because e^x>0)$
$\therefore x=-2$ 또는 $x=0$

x	$\cdots$	-2	$\cdots$	0	$\cdots$
$f'(x)$	$+$	0	$-$	0	$+$
$f(x)$	$\nearrow$	$\dfrac{4}{e^2}$	$\searrow$	0	$\nearrow$

따라서 함수 $f(x)$의 극댓값은 $f(-2)=\dfrac{4}{e^2}$, 극솟값은 $f(0)=0$
이므로 극댓값과 극솟값의 합은

$\dfrac{4}{e^2}+0=\dfrac{4}{e^2}$ **답** ③

05-3

$f(x)=a\sin x+b\cos x$에서
$f'(x)=a\cos x-b\sin x$

함수 $f(x)$가 $x=\dfrac{\pi}{3}$에서 극댓값 6을 가지므로

$f\left(\dfrac{\pi}{3}\right)=6$, $f'\left(\dfrac{\pi}{3}\right)=0$에서

$\dfrac{\sqrt{3}}{2}a+\dfrac{1}{2}b=6$, $\dfrac{1}{2}a-\dfrac{\sqrt{3}}{2}b=0$

위의 두 식을 연립하여 풀면
$a=3\sqrt{3}$, $b=3$
$\therefore a^2+b^2=(3\sqrt{3})^2+3^2=36$ **답** 36

대표 유형 다지기 본문 **42~43쪽**

01 ①	**02** ②	**03** ④	**04** ①	**05** ①
06 ⑤	**07** ②	**08** ④	**09** ③	**10** ⑤
11 ④	**12** $-\dfrac{9}{2}$	**13** ⑤	**14** ③	**15** 2
16 ②				

01

$f(x)=e^{3x}$으로 놓으면
$f'(x)=3e^{3x}$
점 $(0, 1)$에서의 접선의 기울기가 $f'(0)=3e^0=3$이므로
접선의 방정식은
$y-1=3(x-0)$
$\therefore y=3x+1$ **답** ①

02

$\dfrac{dx}{dt}=\sqrt{2}\cos t$, $\dfrac{dy}{dt}=-\sqrt{2}\sin t$이므로

$\dfrac{dy}{dx}=\dfrac{\frac{dy}{dt}}{\frac{dx}{dt}}=\dfrac{-\sqrt{2}\sin t}{\sqrt{2}\cos t}=-\tan t$ (단, $\cos t\neq 0$)

$x=\sqrt{2}\sin t-2=-1$, $y=\sqrt{2}\cos t-1=0$에서

$\sin t=\cos t=\dfrac{1}{\sqrt{2}}$이므로 $t=\dfrac{\pi}{4}\left(\because 0\le t<\dfrac{\pi}{2}\right)$

$t=\dfrac{\pi}{4}$일 때, $\dfrac{dy}{dx}=-1$이므로 점 $(-1, 0)$에서의 접선의 방정식은

$y-0=-\{x-(-1)\}$ $\quad\therefore y=-x-1$
따라서 접선의 x절편과 y절편이 각각 -1, -1이므로 구하는 삼
각형의 넓이는

$\dfrac{1}{2}\times 1\times 1=\dfrac{1}{2}$ **답** ②

03

$f(x)=\dfrac{1}{x}-1$로 놓으면

$f'(x)=-\dfrac{1}{x^2}$

접점의 좌표를 $\left(t, \dfrac{1}{t}-1\right)$이라 하면 이 점에서의 접선의 기울기는

$f'(t)=-\dfrac{1}{t^2}$ $\quad\cdots\cdots$ ㉠

이므로 접선의 방정식은

$$y-\left(\frac{1}{t}-1\right)=-\frac{1}{t^2}(x-t)$$

이 직선이 원점을 지나므로

$$-\frac{1}{t}+1=\frac{1}{t},\ \frac{2}{t}=1\qquad\therefore t=2$$

$t=2$를 ㉠에 대입하면 구하는 접선의 기울기는

$$f'(2)=-\frac{1}{4}$$ 　　답 ④

04

$f(x)=\cos 2x$로 놓으면

$$f'(x)=-2\sin 2x$$

접점의 좌표를 $(t,\ \cos 2t)$라 하면 이 점에서의 접선의 기울기가 -2이므로

$$f'(t)=-2\sin 2t=-2$$

$$\sin 2t=1\qquad\therefore t=\frac{\pi}{4}\ (\because 0<t<\pi)$$

따라서 접점의 좌표가 $\left(\frac{\pi}{4},\ 0\right)$이므로 접선의 방정식은

$$y-0=-2\left(x-\frac{\pi}{4}\right)\qquad\therefore y=-2x+\frac{\pi}{2}$$

따라서 구하는 직선의 y절편은 $\frac{\pi}{2}$이다. 　　답 ①

05

$x^4+ay^2+b=0$의 양변을 x에 대하여 미분하면

$$4x^3+2ay\frac{dy}{dx}=0,\ 2ay\frac{dy}{dx}=-4x^3$$

$$\therefore \frac{dy}{dx}=-\frac{2x^3}{ay}\ (단,\ y\neq0)$$

곡선 위의 점 $(1,\ 1)$에서의 접선의 기울기가 $\frac{1}{2}$이므로

$$-\frac{2}{a}=-\frac{1}{2}\qquad\therefore a=4$$

또한 점 $(1,\ 1)$은 곡선 $x^4+ay^2+b=0$ 위의 점이므로

$$1^4+4\times1^2+b=0\qquad\therefore b=-5$$

$$\therefore a+b=4+(-5)=-1$$ 　　답 ①

06

$f(x)=a\ln x,\ g(x)=\frac{2}{e}x^2$으로 놓으면

$$f'(x)=\frac{a}{x},\ g'(x)=\frac{4}{e}x$$

두 곡선이 접하는 점의 x좌표를 t라 하면

$f(t)=g(t)$이므로 $a\ln t=\frac{2}{e}t^2$ 　　…… ㉠

$f'(t)=g'(t)$이므로 $\frac{a}{t}=\frac{4}{e}t$

$$\therefore a=\frac{4}{e}t^2$$ 　　…… ㉡

㉡을 ㉠에 대입하면

$$\frac{4}{e}t^2\ln t=\frac{2}{e}t^2$$

$$2\ln t=1,\ \ln t=\frac{1}{2}\qquad\therefore t=\sqrt{e}$$

$t=\sqrt{e}$를 ㉡에 대입하면

$$a=\frac{4}{e}\times(\sqrt{e})^2=4$$ 　　답 ⑤

07

$f(x)=xe^x$으로 놓으면

$$f'(x)=e^x+xe^x=(x+1)e^x$$

접점의 좌표를 $(t,\ te^t)$이라 하면 이 점에서의 접선의 기울기는 $f'(t)=(t+1)e^t$이므로 접선의 방정식은

$$y-te^t=(t+1)e^t(x-t)$$

이 직선이 점 $(a,\ 0)$을 지나므로

$$-te^t=(t+1)e^t(a-t),\ e^t(t^2-at-a)=0$$

$$\therefore t^2-at-a=0\ (\because e^t>0)$$ 　　…… ㉠

이때, 접선이 존재하지 않으므로 접점이 존재하지 않는다.

즉, 이차방정식 ㉠의 실근이 존재하지 않으므로 ㉠의 판별식을 D라 하면

$$D=(-a)^2-4\times1\times(-a)<0$$

$$a^2+4a<0,\ a(a+4)<0$$

$$\therefore -4<a<0$$ 　　답 ②

08

$f(x)=\sin^3 x\ (0<x<2\pi)$에서

$$f'(x)=3\sin^2 x\cos x\ (단,\ 0<x<2\pi)$$

$f'(x)=0$에서 $\sin^2 x=0$ 또는 $\cos x=0$

$$\therefore x=\frac{\pi}{2}\ 또는\ x=\pi\ 또는\ x=\frac{3}{2}\pi\ (\because 0<x<2\pi)$$

x	(0)	$\cdots$	$\frac{\pi}{2}$	$\cdots$	π	$\cdots$	$\frac{3}{2}\pi$	$\cdots$	(2π)
$f'(x)$		$+$	0	$-$	0	$-$	0	$+$	
$f(x)$		$\nearrow$		$\searrow$		$\searrow$		$\nearrow$	

따라서 함수 $f(x)$가 감소하는 x의 값의 범위는 $\frac{\pi}{2}\leq x\leq\frac{3}{2}\pi$이므로 $\alpha=\frac{\pi}{2},\ \beta=\frac{3}{2}\pi$

$$\therefore \beta-\alpha=\frac{3}{2}\pi-\frac{\pi}{2}=\pi$$ 　　답 ④

09

$f(x)=ax+\ln(x^2+2)$에서

$$f'(x)=a+\frac{2x}{x^2+2}=\frac{ax^2+2x+2a}{x^2+2}$$

함수 $f(x)$가 실수 전체의 집합에서 감소하려면 모든 실수 x에 대하여 $f'(x)\leq0$이어야 한다.

이때, $x^2+2>0$이므로 모든 실수 x에 대하여 $f'(x)\leq0$이 성립하려면 $ax^2+2x+2a\leq0$이어야 한다.

따라서 $a<0$이고, 이차방정식 $ax^2+2x+2a=0$의 판별식을 D라 하면

$$\frac{D}{4}=1^2-a\times2a\leq0$$

$$1-2a^2\leq0,\ (\sqrt{2}a+1)(\sqrt{2}a-1)\geq0$$

$$a\leq-\frac{\sqrt{2}}{2}\ 또는\ a\geq\frac{\sqrt{2}}{2}$$

$\therefore a \le -\dfrac{\sqrt{2}}{2} \ (\because a < 0)$

따라서 실수 a의 최댓값은 $-\dfrac{\sqrt{2}}{2}$이다.   답 ③

10

주어진 조건을 만족시키는 함수 $f(x)$는 실수 전체의 집합에서 증가하는 함수이므로 모든 실수 x에 대하여 $f'(x) \ge 0$이어야 한다.

① $f(x) = x^2$에서 $f'(x) = 2x$

   $x < 0$에서 $f'(x) < 0$

② $f(x) = \sin x$에서 $f'(x) = \cos x$

   $2n\pi + \dfrac{\pi}{2} < x < 2n\pi + \dfrac{3}{2}\pi \ (n$은 정수$)$에서 $f'(x) < 0$

③ $f(x) = \dfrac{1}{x^2+1}$에서 $f'(x) = -\dfrac{2x}{(x^2+1)^2}$

   $x > 0$에서 $f'(x) < 0$

④ $f(x) = \ln(x^2+1)$에서 $f'(x) = \dfrac{2x}{x^2+1}$

   $x < 0$에서 $f'(x) < 0$

⑤ $f(x) = -e^{-2x}$에서 $f'(x) = 2e^{-2x}$

   모든 실수 x에 대하여 $f'(x) > 0$

따라서 주어진 조건을 만족시키는 함수는 ⑤이다.   답 ⑤

11

$f(x) = (x^2 + ax + 2)e^x$에서

$f'(x) = (2x + a)e^x + (x^2 + ax + 2)e^x$

$\qquad = \{x^2 + (a+2)x + a + 2\}e^x$

함수 $f(x)$가 일대일대응이 되려면 함수 $f(x)$가 실수 전체의 집합에서 증가하거나 감소해야 하므로 모든 실수 x에 대하여 $f'(x) \ge 0$ 또는 $f'(x) \le 0$이어야 한다.

이때, $e^x > 0$이고, $x^2 + (a+2)x + a + 2$의 최고차항의 계수가 양수이므로 $x^2 + (a+2)x + a + 2 \ge 0$, 즉 모든 실수 x에 대하여 $f'(x) \ge 0$이어야 한다.

따라서 이차방정식 $x^2 + (a+2)x + a + 2 = 0$의 판별식을 D라 하면

$D = (a+2)^2 - 4(a+2) \le 0, \ (a+2)(a-2) \le 0$

$\therefore -2 \le a \le 2$ 답 ④

12

$f(x) = \dfrac{3x-4}{x^2+1}$에서

$f'(x) = \dfrac{3(x^2+1) - (3x-4) \times 2x}{(x^2+1)^2} = \dfrac{-3x^2 + 8x + 3}{(x^2+1)^2}$

$\qquad = -\dfrac{(3x+1)(x-3)}{(x^2+1)^2}$

$f'(x) = 0$에서 $(3x+1)(x-3) = 0$

$\therefore x = -\dfrac{1}{3}$ 또는 $x = 3$

x	$\cdots$	$-\dfrac{1}{3}$	$\cdots$	3	$\cdots$
$f'(x)$	$-$	0	$+$	0	$-$
$f(x)$	$\searrow$	$-\dfrac{9}{2}$	$\nearrow$	$\dfrac{1}{2}$	$\searrow$

따라서 함수 $f(x)$의 극솟값은 $f\left(-\dfrac{1}{3}\right) = -\dfrac{9}{2}$이다.   답 $-\dfrac{9}{2}$

13

$f(x) = 2x(\ln x)^2 + e$에서 $x > 0$이고

$f'(x) = 2(\ln x)^2 + 2x \times 2\ln x \times \dfrac{1}{x}$

$\qquad = 2(\ln x)^2 + 4\ln x = 2\ln x(\ln x + 2)$

$f'(x) = 0$에서 $\ln x = 0$ 또는 $\ln x + 2 = 0$

$\therefore x = 1$ 또는 $x = \dfrac{1}{e^2}$

x	(0)	$\cdots$	$\dfrac{1}{e^2}$	$\cdots$	1	$\cdots$
$f'(x)$		$+$	0	$-$	0	$+$
$f(x)$		$\nearrow$	$\dfrac{8}{e^2} + e$	$\searrow$	e	$\nearrow$

따라서 함수 $f(x)$는 $x = \dfrac{1}{e^2}$에서 극댓값 $f\left(\dfrac{1}{e^2}\right) = \dfrac{8}{e^2} + e$를 갖고, $x = 1$에서 극솟값 $f(1) = e$를 갖는다.

$\therefore M = \dfrac{8}{e^2} + e, \ m = e$

$\therefore \dfrac{M}{m} = \dfrac{1}{e}\left(\dfrac{8}{e^2} + e\right) = \dfrac{8}{e^3} + 1$ 답 ⑤

14

$f(x) = e^a(e^x + e^{-x})$에서

$f'(x) = e^a(e^x - e^{-x})$

$f'(x) = 0$에서 $e^x - e^{-x} = 0 \ (\because e^a > 0)$

$e^x = e^{-x}, \ e^{2x} = 1$

$\therefore x = 0$

x	$\cdots$	0	$\cdots$
$f'(x)$	$-$	0	$+$
$f(x)$	$\searrow$	$2e^a$	$\nearrow$

따라서 함수 $f(x)$는 $x = 0$에서 극솟값 $f(0) = 2e^a$을 가지므로

$2e^a = 2e^3$

$\therefore a = 3$ 답 ③

15

$f(x) = \dfrac{ax^2 + 2x + b}{x^2 + 1}$에서

$f'(x) = \dfrac{(2ax+2)(x^2+1) - (ax^2+2x+b) \times 2x}{(x^2+1)^2}$

$\qquad = \dfrac{-2x^2 + 2(a-b)x + 2}{(x^2+1)^2}$

함수 $f(x)$는 $x = -1$에서 극솟값 0을 가지므로

$f(-1) = 0, \ f'(-1) = 0$에서

$\dfrac{a-2+b}{2} = 0, \ \dfrac{-2a+2b}{4} = 0$

$\therefore a + b = 2, \ a = b$

위의 두 식을 연립하여 풀면 $a = 1, \ b = 1$

따라서 $f(x)=\dfrac{x^2+2x+1}{x^2+1}$ 이고

$f'(x)=\dfrac{-2x^2+2}{(x^2+1)^2}=\dfrac{-2(x+1)(x-1)}{(x^2+1)^2}$

$f'(x)=0$에서 $(x+1)(x-1)=0$

$\therefore x=-1$ 또는 $x=1$

x	$\cdots$	-1	$\cdots$	1	$\cdots$
$f'(x)$	$-$	0	$+$	0	$-$
$f(x)$	$\searrow$	0	$\nearrow$	2	$\searrow$

따라서 함수 $f(x)$는 $x=1$에서 극댓값 $f(1)=2$를 갖는다. **답** 2

16

$f(x)=x+a\cos x$에서

$f'(x)=1-a\sin x$

$-1\leq\sin x\leq1$이고, a는 자연수이므로

$-a\leq a\sin x\leq a$

$\therefore 1-a\leq 1-a\sin x\leq 1+a$

미분가능한 함수 $f(x)$가 극값을 가지려면 $f'(x)=0$이고,

$f'(x)$의 부호가 바뀌는 점이 존재해야 하므로

$1-a<0<1+a$　　$\therefore a>1$

따라서 자연수 a의 최솟값은 2이다. **답** ②

---

05 | 도함수의 활용(2)

교과서 핵심 개념별 **대표 유형 익히기**　　본문 44~48쪽

개념 ① 곡선의 오목과 볼록, 변곡점

유형 01

$f(x)=-\dfrac{1}{2x^2+3}$ 로 놓으면

$f'(x)=\dfrac{4x}{(2x^2+3)^2}$

$f''(x)=\dfrac{4(2x^2+3)^2-4x\times2(2x^2+3)\times4x}{(2x^2+3)^4}$

$=-\dfrac{12(2x^2-1)}{(2x^2+3)^3}$

$f''(x)>0$인 구간에서 곡선 $y=f(x)$가 아래로 볼록하므로

$-\dfrac{12(2x^2-1)}{(2x^2+3)^3}>0$

$-12(2x^2-1)>0\ (\because (2x^2+3)^3>0)$

$2x^2-1<0,\ (\sqrt{2}x+1)(\sqrt{2}x-1)<0$

$\therefore -\dfrac{\sqrt{2}}{2}<x<\dfrac{\sqrt{2}}{2}$

따라서 곡선 $y=f(x)$가 아래로 볼록한 구간은

$\left(-\dfrac{\sqrt{2}}{2},\ \dfrac{\sqrt{2}}{2}\right)$ **답** ②

01-1

$f(x)=xe^{2x}$으로 놓으면

$f'(x)=e^{2x}+2xe^{2x}=(2x+1)e^{2x}$

$f''(x)=2e^{2x}+(2x+1)\times2e^{2x}=(4x+4)e^{2x}$

$f''(x)<0$인 구간에서 곡선 $y=f(x)$가 위로 볼록하므로

$4x+4<0\ (\because e^{2x}>0)$　　$\therefore x<-1$

따라서 곡선 $y=f(x)$가 위로 볼록한 구간은 $(-\infty,\ -1)$이다.

답 ①

유형 02

$f(x)=(x^2+3x+2)e^{-x}$으로 놓으면

$f'(x)=(2x+3)e^{-x}+(x^2+3x+2)\times(-e^{-x})$

$=(-x^2-x+1)e^{-x}$

$f''(x)=(-2x-1)e^{-x}+(-x^2-x+1)\times(-e^{-x})$

$=(x^2-x-2)e^{-x}$

$f''(x)=0$에서 $x^2-x-2=0\ (\because e^{-x}>0)$

$(x+1)(x-2)=0$　　$\therefore x=-1$ 또는 $x=2$

$x<-1,\ x>2$에서 $f''(x)>0$

$-1<x<2$에서 $f''(x)<0$

따라서 $x=-1,\ x=2$의 좌우에서 $f''(x)$의 부호가 바뀌므로 두 점 $(-1,\ f(-1)),\ (2,\ f(2))$는 곡선 $y=f(x)$의 변곡점이다.

즉, 모든 변곡점의 x좌표의 합은

$-1+2=1$ **답** 1

02-1

$f(x)=\dfrac{1}{4}x^2+\sin x$에서

$f'(x)=\dfrac{1}{2}x+\cos x,\ f''(x)=\dfrac{1}{2}-\sin x$

$f''(x)=0$에서 $\sin x=\dfrac{1}{2}$

$\therefore x=\dfrac{\pi}{6}$ 또는 $x=\dfrac{5}{6}\pi\ (\because 0<x<2\pi)$

$0<x<\dfrac{\pi}{6}$ 또는 $\dfrac{5}{6}\pi<x<2\pi$에서 $f''(x)>0$

$\dfrac{\pi}{6}<x<\dfrac{5}{6}\pi$에서 $f''(x)<0$

즉, $x=\dfrac{\pi}{6}$, $x=\dfrac{5}{6}\pi$의 좌우에서 $f''(x)$의 부호가 바뀌므로 곡선 $y=f(x)$의 변곡점의 개수는 2이다.   **답 ③**

개념 Check

1 (1) $f(x)=x^3+3x^2+3x$로 놓으면

$f'(x)=3x^2+6x+3=3(x+1)^2$

$f''(x)=6x+6=6(x+1)$

$f'(x)=0$에서 $(x+1)^2=0$ $\therefore x=-1$

$f''(x)=0$에서 $x+1=0$ $\therefore x=-1$

x	$\cdots$	-1	$\cdots$
$f'(x)$	$+$	0	$+$
$f''(x)$	$-$	0	$+$
$f(x)$	↗	-1	↗

따라서 함수 $y=f(x)$의 그래프는 오른쪽 그림과 같다.

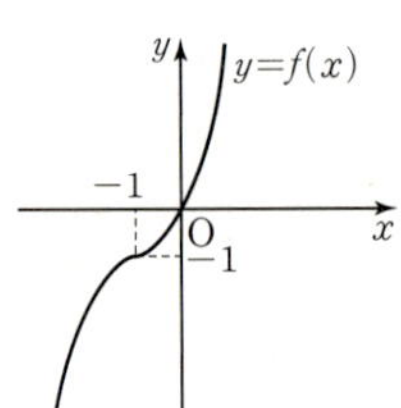

(2) $f(x)=-x^4+4x^3+1$로 놓으면

$f'(x)=-4x^3+12x^2=-4x^2(x-3)$

$f''(x)=-12x^2+24x=-12x(x-2)$

$f'(x)=0$에서 $x^2(x-3)=0$ $\therefore x=0$ 또는 $x=3$

$f''(x)=0$에서 $x(x-2)=0$ $\therefore x=0$ 또는 $x=2$

x	$\cdots$	0	$\cdots$	2	$\cdots$	3	$\cdots$
$f'(x)$	$+$	0	$+$	$+$	$+$	0	$-$
$f''(x)$	$-$	0	$+$	0	$-$	$-$	$-$
$f(x)$	↗	1	↗	17	↗	28	↘

따라서 함수 $y=f(x)$의 그래프는 오른쪽 그림과 같다.

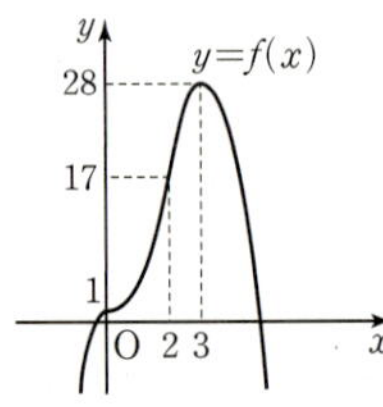

답 풀이 참조

(1) $f(x)=\ln(x^2+1)$로 놓으면

$f'(x)=\dfrac{2x}{x^2+1}$

$f''(x)=\dfrac{2(x^2+1)-2x\times 2x}{(x^2+1)^2}=\dfrac{-2(x+1)(x-1)}{(x^2+1)^2}$

$f'(x)=0$에서 $x=0$

$f''(x)=0$에서 $(x+1)(x-1)=0$

$\therefore x=-1$ 또는 $x=1$

x	$\cdots$	-1	$\cdots$	0	$\cdots$	1	$\cdots$
$f'(x)$	$-$	$-$	$-$	0	$+$	$+$	$+$
$f''(x)$	$-$	0	$+$	$+$	$+$	0	$-$
$f(x)$	↘	$\ln 2$	↘	0	↗	$\ln 2$	↗

이때, $\displaystyle\lim_{x\to\infty}f(x)=\infty$, $\displaystyle\lim_{x\to-\infty}f(x)=\infty$이므로 함수 $y=f(x)$의 그래프는 오른쪽 그림과 같다.

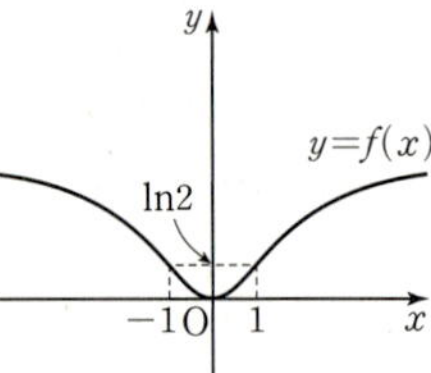

(2) $f(x)=\sqrt{x+1}-\dfrac{1}{2}x$로 놓으면

$x\geq-1$이고

$f'(x)=\dfrac{1}{2\sqrt{x+1}}-\dfrac{1}{2}$

$f''(x)=-\dfrac{1}{4(x+1)\sqrt{x+1}}$

$f'(x)=0$에서 $\sqrt{x+1}=1$ $\therefore x=0$

$f''(x)=0$을 만족시키는 x의 값은 존재하지 않으므로 변곡점은 없다.

x	-1	$\cdots$	0	$\cdots$
$f'(x)$		$+$	0	$-$
$f''(x)$		$-$	$-$	$-$
$f(x)$	$\dfrac{1}{2}$	↗	1	↘

따라서 함수 $y=f(x)$의 그래프는 오른쪽 그림과 같다.

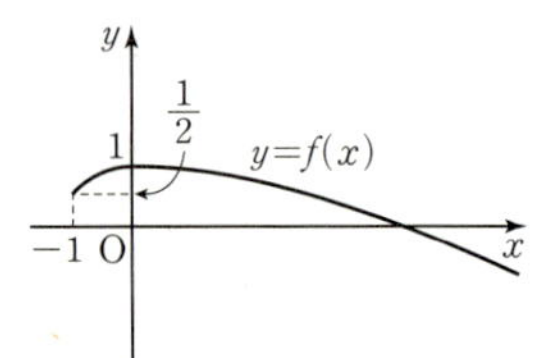

답 풀이 참조

03-1

(1) $f(x)=x+\cos x$로 놓으면

$f'(x)=1-\sin x$

$f''(x)=-\cos x$

$f'(x)=0$에서 $\sin x=1$ $\therefore x=\dfrac{\pi}{2}\ (\because 0\leq x\leq 2\pi)$

$f''(x)=0$에서 $\cos x=0$

$\therefore x=\dfrac{\pi}{2}$ 또는 $x=\dfrac{3}{2}\pi\ (\because 0\leq x\leq 2\pi)$

x	0	$\cdots$	$\dfrac{\pi}{2}$	$\cdots$	$\dfrac{3}{2}\pi$	$\cdots$	2π
$f'(x)$		$+$	0	$+$	$+$	$+$	
$f''(x)$		$-$	0	$+$	0	$-$	
$f(x)$	1	$\nearrow$	$\dfrac{\pi}{2}$	$\nearrow$	$\dfrac{3}{2}\pi$	$\nearrow$	$2\pi+1$

따라서 함수 $y=f(x)$의 그래프는 오른쪽 그림과 같다.

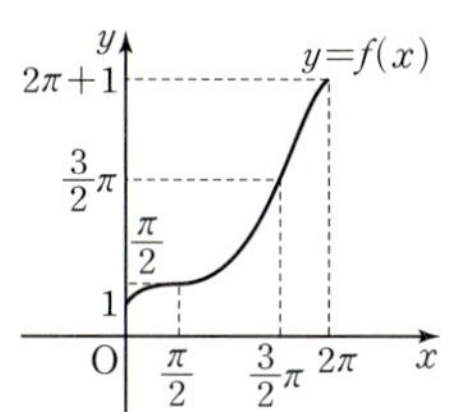

(2) $f(x)=(1-x)e^{-x}$으로 놓으면

$$f'(x)=-e^{-x}+(1-x)\times(-e^{-x})$$
$$=(x-2)e^{-x}$$
$$f''(x)=e^{-x}+(x-2)\times(-e^{-x})$$
$$=(-x+3)e^{-x}$$

$e^{-x}>0$이므로

$f'(x)=0$에서 $x-2=0\ (\because e^{-x}>0)$ $\qquad \therefore x=2$

$f''(x)=0$에서 $-x+3=0\ (\because e^{-x}>0)$ $\qquad \therefore x=3$

x	$\cdots$	2	$\cdots$	3	$\cdots$
$f'(x)$	$-$	0	$+$	$+$	$+$
$f''(x)$	$+$	$+$	$+$	0	$-$
$f(x)$	$\searrow$	$-\dfrac{1}{e^2}$	$\nearrow$	$-\dfrac{2}{e^3}$	$\nearrow$

이때, $\displaystyle\lim_{x\to\infty}f(x)=0$,

$\displaystyle\lim_{x\to-\infty}f(x)=\infty$이므로 함수 $y=f(x)$의 그래프는 오른쪽 그림과 같다.

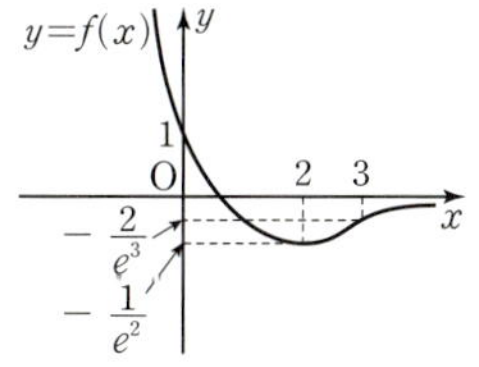

目 풀이 참조

유형 04

$f(x)=\dfrac{\ln x}{x}$에서 $x>0$이고

$$f'(x)=\dfrac{\dfrac{1}{x}\times x-\ln x}{x^2}=\dfrac{1-\ln x}{x^2}$$

$$f''(x)=\dfrac{-\dfrac{1}{x}\times x^2-(1-\ln x)\times 2x}{x^4}=\dfrac{2\ln x-3}{x^3}$$

$f'(x)=0$에서 $1-\ln x=0$ $\qquad \therefore x=e$

$f''(x)=0$에서 $2\ln x-3=0$ $\qquad \therefore x=e^{\frac{3}{2}}=e\sqrt{e}$

x	(0)	$\cdots$	e	$\cdots$	$e\sqrt{e}$	$\cdots$
$f'(x)$		$+$	0	$-$	$-$	$-$
$f''(x)$		$-$	$-$	$-$	0	$+$
$f(x)$		$\nearrow$	$\dfrac{1}{e}$	$\searrow$	$\dfrac{3\sqrt{e}}{2e^2}$	$\searrow$

이때, $\displaystyle\lim_{x\to\infty}f(x)=0$, $\displaystyle\lim_{x\to 0+}f(x)=-\infty$

이므로 함수 $y=f(x)$의 그래프는 오른쪽 그림과 같다.

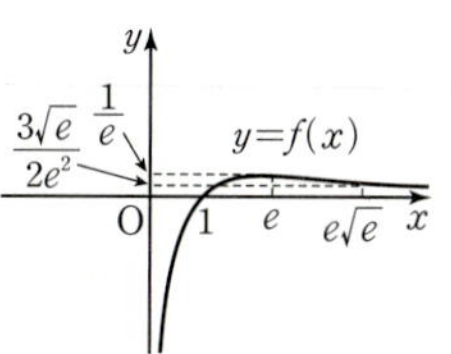

따라서 함수 $f(x)$의 치역은 $\left\{y\,\middle|\,y\leq\dfrac{1}{e}\right\}$

이므로 $a=\dfrac{1}{e}$

目 ②

04-1

$f(x)=xe^{-2x}$에서

$$f'(x)=e^{-2x}+x\times(-2e^{-2x})=(1-2x)e^{-2x}$$
$$f''(x)=-2e^{-2x}+(1-2x)\times(-2e^{-2x})$$
$$=(-4+4x)e^{-2x}$$
$$=4(x-1)e^{-2x}$$

$e^{-2x}>0$이므로

$f'(x)=0$에서 $1-2x=0$ $\qquad \therefore x=\dfrac{1}{2}$

$f''(x)=0$에서 $x-1=0$ $\qquad \therefore x=1$

x	$\cdots$	$\dfrac{1}{2}$	$\cdots$	1	$\cdots$
$f'(x)$	$+$	0	$-$	$-$	$-$
$f''(x)$	$-$	$-$	$-$	0	$+$
$f(x)$	$\nearrow$	$\dfrac{1}{2e}$	$\searrow$	$\dfrac{1}{e^2}$	$\searrow$

이때, $\displaystyle\lim_{x\to\infty}f(x)=0$, $\displaystyle\lim_{x\to-\infty}f(x)=-\infty$

이므로 함수 $y=f(x)$의 그래프는 오른쪽 그림과 같다.

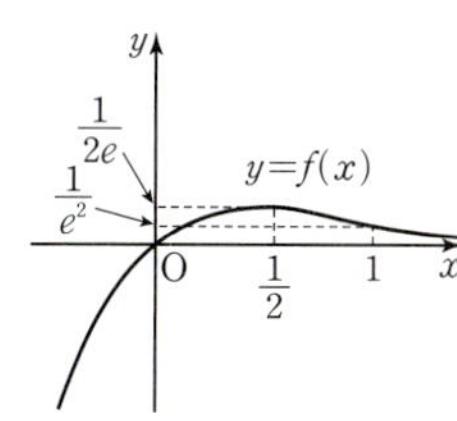

따라서 함수 $f(x)$의 치역은

$\left\{y\,\middle|\,y\leq\dfrac{1}{2e}\right\}$이므로 $a=\dfrac{1}{2e}$

目 ④

개념 3 함수의 최대 · 최소

유형 05

$f(x)=xe^x\ (-2\leq x\leq 2)$에서

$f'(x)=e^x+xe^x=(x+1)e^x$ (단, $-2<x<2$)

$f'(x)=0$에서 $x+1=0\ (\because e^x>0)$ $\qquad \therefore x=-1$

x	-2	$\cdots$	-1	$\cdots$	2
$f'(x)$	$(-)$	$-$	0	$+$	$(+)$
$f(x)$	$-\dfrac{2}{e^2}$	$\searrow$	$-\dfrac{1}{e}$	$\nearrow$	$2e^2$

따라서 함수 $f(x)$의 최댓값은 $f(2)=2e^2$, 최솟값은

$f(-1)=-\dfrac{1}{e}$이므로 최댓값과 최솟값의 곱은

$$2e^2\times\left(-\dfrac{1}{e}\right)=-2e$$

目 ④

05-1

$f(x)=2\cos^3 x\ (0\le x\le\pi)$에서

$f'(x)=2\times 3\cos^2 x\times(-\sin x)$

$\qquad =-6\cos^2 x\sin x\ (\text{단, } 0<x<\pi)$

$f'(x)=0$에서 $\cos^2 x=0$ 또는 $\sin x=0$

$\therefore x=\dfrac{\pi}{2}\ (\because 0<x<\pi)$

x	0	$\cdots$	$\dfrac{\pi}{2}$	$\cdots$	π
$f'(x)$	(0)	$-$	0	$-$	(0)
$f(x)$	2	$\searrow$	0	$\searrow$	-2

따라서 함수 $f(x)$의 최댓값은 $f(0)=2$, 최솟값은 $f(\pi)=-2$이므로 $M=2,\ m=-2$

$\therefore M+m=2+(-2)=0$ **답** 0

05-2

$f(x)=x\sqrt{4-x^2}\ (-2\le x\le 2)$에서

$f'(x)=\sqrt{4-x^2}+\dfrac{-2x^2}{2\sqrt{4-x^2}}=\dfrac{4-2x^2}{\sqrt{4-x^2}}$

$\qquad =\dfrac{-2(x+\sqrt{2})(x-\sqrt{2})}{\sqrt{4-x^2}}\ (\text{단, } -2<x<2)$

$f'(x)=0$에서 $(x+\sqrt{2})(x-\sqrt{2})=0$

$\therefore x=-\sqrt{2}$ 또는 $x=\sqrt{2}$

x	-2	$\cdots$	$-\sqrt{2}$	$\cdots$	$\sqrt{2}$	$\cdots$	2
$f'(x)$		$-$	0	$+$	0	$-$	
$f(x)$	0	$\searrow$	-2	$\nearrow$	2	$\searrow$	0

따라서 함수 $f(x)$의 최댓값은 $f(\sqrt{2})=2$, 최솟값은 $f(-\sqrt{2})=-2$이므로 $M=2,\ m=-2$

$\therefore Mm=2\times(-2)=-4$ **답** ②

05-3

$f(x)=\dfrac{x+2}{x^2+5}\ (-1\le x\le 3)$에서

$f'(x)=\dfrac{(x^2+5)-(x+2)\times 2x}{(x^2+5)^2}=\dfrac{-x^2-4x+5}{(x^2+5)^2}$

$\qquad =-\dfrac{(x+5)(x-1)}{(x^2+5)^2}\ (\text{단, } -1<x<3)$

$f'(x)=0$에서 $(x+5)(x-1)=0$

$\therefore x=1\ (\because -1<x<3)$

x	-1	$\cdots$	1	$\cdots$	3
$f'(x)$	$(+)$	$+$	0	$-$	$(-)$
$f(x)$	$\dfrac{1}{6}$	$\nearrow$	$\dfrac{1}{2}$	$\searrow$	$\dfrac{5}{14}$

따라서 함수 $f(x)$는 $x=1$일 때 최댓값 $f(1)=\dfrac{1}{2}$을 갖고,

$x=-1$일 때 최솟값 $f(-1)=\dfrac{1}{6}$을 가지므로

$\alpha=1,\ \beta=-1$

$\therefore \alpha^2+\beta^2=1^2+(-1)^2=2$ **답** 2

개념 Check

1 (1) $f(x)=x-e^x$으로 놓으면

$f'(x)=1-e^x$

$f'(x)=0$에서 $e^x=1$ $\quad\therefore x=0$

x	$\cdots$	0	$\cdots$
$f'(x)$	$+$	0	$-$
$f(x)$	$\nearrow$	-1	$\searrow$

이때, $\displaystyle\lim_{x\to\infty}f(x)=-\infty$, $\displaystyle\lim_{x\to-\infty}f(x)=-\infty$이므로

함수 $y=f(x)$의 그래프는 오른쪽 그림과 같다.

따라서 방정식 $f(x)=0$은 실근을 갖지 않는다.

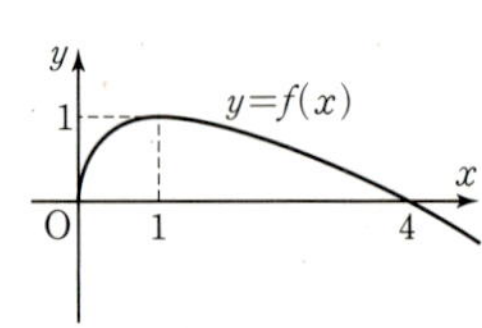

(2) $f(x)=2\sqrt{x}-x$로 놓으면 $x\ge 0$이고

$f'(x)=\dfrac{1}{\sqrt{x}}-1=\dfrac{1-\sqrt{x}}{\sqrt{x}}$

$f'(x)=0$에서 $1-\sqrt{x}=0$ $\quad\therefore x=1$

x	0	$\cdots$	1	$\cdots$
$f'(x)$		$+$	0	$-$
$f(x)$	0	$\nearrow$	1	$\searrow$

이때, $\displaystyle\lim_{x\to\infty}f(x)=-\infty$이므로

함수 $y=f(x)$의 그래프는 오른쪽 그림과 같다.

따라서 방정식 $f(x)=0$은 서로 다른 두 개의 실근을 갖는다.

(3) 방정식 $x+\sin x=2$의 실근의 개수는 곡선 $y=x+\sin x$와 직선 $y=2$의 교점의 개수와 같다.

$f(x)=x+\sin x$로 놓으면 $f'(x)=1+\cos x$

이때, $f'(x)\ge 0$이므로 함수 $f(x)$는 실수 전체의 구간에서 증가한다.

또한 $f(0)=0$, $f(\pi)=\pi$이므로

함수 $y=f(x)$의 그래프는 오른쪽 그림과 같다.

따라서 방정식 $f(x)=2$는 한 개의 실근을 갖는다.

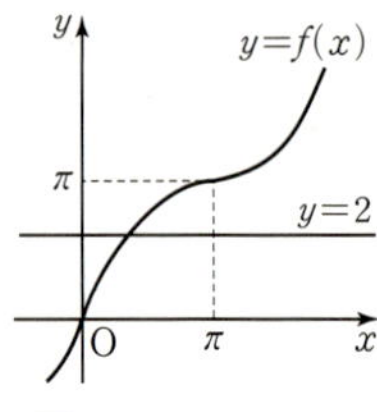

답 (1) 0 (2) 2 (3) 1

유형 06

방정식 $\dfrac{\ln x}{x}=k$의 실근의 개수는 곡선 $y=\dfrac{\ln x}{x}$와 직선 $y=k$의 교점의 개수와 같다.

$f(x)=\dfrac{\ln x}{x}$로 놓으면 $x>0$이고

$f'(x)=\dfrac{\dfrac{1}{x}\times x-\ln x}{x^2}=\dfrac{1-\ln x}{x^2}$

$f'(x)=0$에서 $\ln x=1$ $\quad\therefore x=e$

---

x	(0)	$\cdots$	e	$\cdots$
$f'(x)$		$+$	0	$-$
$f(x)$		$\nearrow$	$\dfrac{1}{e}$	$\searrow$

이때, $\lim\limits_{x \to 0+} f(x) = -\infty$, $\lim\limits_{x \to \infty} f(x) = 0$이

므로 함수 $y=f(x)$의 그래프는 오른쪽 그림과 같다.

(1) 주어진 방정식이 서로 다른 두 개의 실

근을 가지려면 곡선 $y=\dfrac{\ln x}{x}$와 직선

$y=k$가 서로 다른 두 점에서 만나야 하므로

$$0 < k < \frac{1}{e}$$

(2) 주어진 방정식이 한 개의 실근을 가지려면 곡선 $y=\dfrac{\ln x}{x}$와 직

선 $y=k$가 한 점에서 만나야 하므로

$$k \leq 0 \text{ 또는 } k = \frac{1}{e}$$

(3) 주어진 방정식이 실근을 갖지 않으려면 곡선 $y=\dfrac{\ln x}{x}$와 직선

$y=k$가 만나지 않아야 하므로

$$k > \frac{1}{e}$$

답 (1) $0 < k < \dfrac{1}{e}$ (2) $k \leq 0$ 또는 $k = \dfrac{1}{e}$ (3) $k > \dfrac{1}{e}$

06-1

방정식 $xe^x = k$가 $x<0$에서 서로 다른 두 실근을 가지려면 $x<0$에서 곡선 $y=xe^x$과 직선 $y=k$가 서로 다른 두 점에서 만나야 한다.

$f(x) = xe^x$으로 놓으면

$f'(x) = e^x + xe^x = (x+1)e^x$

$f'(x) = 0$에서 $x+1=0$ $(\because e^x > 0)$ $\quad \therefore x = -1$

x	$\cdots$	-1	$\cdots$	(0)
$f'(x)$	$-$	0	$+$	
$f(x)$	$\searrow$	$-\dfrac{1}{e}$	$\nearrow$	

이때, $\lim\limits_{x \to -\infty} f(x) = 0$이므로 함수 $y=f(x)$의 그래프는 오른쪽 그림과 같다.

따라서 곡선 $y=xe^x$과 직선 $y=k$가 서로 다른 두 점에서 만나도록 하는 실수 k의 값의 범위는

$$-\frac{1}{e} < k < 0$$

답 ④

유형 07

$f(x) = \sin x + x + \dfrac{1}{6}x^3$으로 놓으면

$f'(x) = \cos x + 1 + \dfrac{1}{2}x^2$

$x>0$일 때, $\cos x + 1 \geq 0$이고 $\dfrac{1}{2}x^2 > 0$이므로 $f'(x) > 0$이다.

즉, $x>0$에서 함수 $f(x)$는 증가하고, $f(0)=0$이므로

$f(x) > 0$ $\quad \therefore \sin x + x + \dfrac{1}{6}x^3 > 0$

따라서 $x>0$일 때, 부등식 $\sin x > -x - \dfrac{1}{6}x^3$이 성립한다.

답 풀이 참조

07-1

$f(x) = e^x - e \ln x$로 놓으면 $x>0$이고

$f'(x) = e^x - \dfrac{e}{x}$

$f'(x) = 0$에서 $e^x = \dfrac{e}{x}$ $\quad \therefore x = 1$

x	(0)	$\cdots$	1	$\cdots$
$f'(x)$		$-$	0	$+$
$f(x)$		$\searrow$	e	$\nearrow$

따라서 함수 $f(x)$의 최솟값은 $f(1)=e$이므로 $f(x) \geq k$가 성립하도록 하는 실수 k의 값의 범위는

$$k \leq e$$

따라서 실수 k의 최댓값은 e이다.

답 ④

개념 5 속도와 가속도

유형 08

$\dfrac{dx}{dt} = 1 \times e^t + t \times e^t = (1+t)e^t$

$\dfrac{dy}{dt} = 1 \times e^{-t} + t \times (-e^{-t}) = (1-t)e^{-t}$

이므로 $t=2$에서의 점 P의 속도는

$(3e^2, -e^{-2})$

또한 $t=2$에서의 점 P의 속력은

$\sqrt{(3e^2)^2 + (-e^{-2})^2} = \sqrt{9e^4 + e^{-4}}$

답 속도 : $(3e^2, -e^{-2})$, 속력 : $\sqrt{9e^4 + e^{-4}}$

08-1

$\dfrac{dx}{dt} = 4t-2$, $\dfrac{dy}{dt} = 3$

이므로 점 P의 시각 t에서의 속도는

$(4t-2, 3)$

이때, 점 P의 속력이 $3\sqrt{5}$이므로

$\sqrt{(4t-2)^2 + 3^2} = 3\sqrt{5}$

이 등식의 양변을 제곱하여 정리하면

$16t^2 - 16t - 32 = 0$, $16(t+1)(t-2) = 0$ $\quad \therefore t = 2 \ (\because t \geq 0)$

따라서 구하는 시각은 2이다.

답 2

08-2

$\dfrac{dx}{dt} = 2t-3$, $\dfrac{dy}{dt} = \sqrt{7}$

이므로 점 P의 시각 t에서의 속도는

$(2t-3, \sqrt{7})$

이고, 속력은

$$\sqrt{(2t-3)^2+(\sqrt{7})^2}=\sqrt{4t^2-12t+16}$$
$$=\sqrt{4\left(t-\frac{3}{2}\right)^2+7}$$

따라서 점 P의 속력은 $t=\dfrac{3}{2}$일 때 최솟값 $\sqrt{7}$을 갖는다.　　**답** $\sqrt{7}$

유형 09

$\dfrac{dx}{dt}=1\times\ln t+t\times\dfrac{1}{t}=\ln t+1$, $\dfrac{dy}{dt}=\dfrac{1}{t}$에서

$\dfrac{d^2x}{dt^2}=\dfrac{1}{t}$, $\dfrac{d^2y}{dt^2}=-\dfrac{1}{t^2}$

이므로 $t=1$에서의 점 P의 가속도는

$(1,\ -1)$

또한 $t=1$에서의 점 P의 가속도의 크기는

$\sqrt{1^2+(-1)^2}=\sqrt{2}$　　**답** 가속도 : $(1,\ -1)$, 가속도의 크기 : $\sqrt{2}$

09-1

$\dfrac{dx}{dt}=3t^2-2t$, $\dfrac{dy}{dt}=4t+1$에서

$\dfrac{d^2x}{dt^2}=6t-2$, $\dfrac{d^2y}{dt^2}=4$

이므로 점 P의 시각 t에서의 가속도는

$(6t-2,\ 4)$

이때, 점 P의 가속도의 크기가 $4\sqrt{17}$이므로

$\sqrt{(6t-2)^2+4^2}=4\sqrt{17}$

이 등식의 양변을 제곱하여 정리하면

$36t^2-24t-252=0$, $12(3t+7)(t-3)=0$

$\therefore t=3\ (\because t\geq0)$

따라서 구하는 시각은 3이다.　　**답** 3

대표 유형 다지기　　본문 49~50쪽

01 ②	02 ③	03 ⑤	04 ②	05 3
06 ③	07 ②	08 ①	09 ④	10 ④
11 5	12 ③	13 ②	14 ④	15 1
16 ①				

01

$f(x)=(x^2-7)e^x$으로 놓으면

$f'(x)=2xe^x+(x^2-7)e^x=(x^2+2x-7)e^x$

$f''(x)=(2x+2)e^x+(x^2+2x-7)e^x$
$\qquad=(x^2+4x-5)e^x$

곡선 $y=f(x)$는 $f''(x)<0$인 구간에서 위로 볼록하므로

$x^2+4x-5<0\ (\because e^x>0)$

$(x+5)(x-1)<0$　　$\therefore -5<x<1$

따라서 곡선 $y=f(x)$가 위로 볼록한 구간은 ② $(-5,\ 1)$이다.

답 ②

02

구간 $[a,\ e]$에서 $f''(x)$의 부호를 조사하면 다음과 같다.

x	a	$\cdots$	b	$\cdots$	c	$\cdots$	d	$\cdots$	e
$f''(x)$	$+$	$+$	0	$-$	0	$+$	0	$-$	$-$

함수 $y=f(x)$의 그래프는 $f''(x)<0$인 구간에서 위로 볼록하므로 함수 $y=f(x)$의 그래프가 위로 볼록한 구간은 ③ $(b,\ c)$이다.

답 ③

03

정의역에 속하는 임의의 두 실수 a, b에 대하여

$$f\left(\frac{a+b}{2}\right)>\frac{f(a)+f(b)}{2}$$

를 만족시키는 함수 $y=f(x)$의 그래프는 위로 볼록해야 하므로 정의역의 임의의 x에 대하여 $f''(x)\leq0$이어야 한다.

① $f(x)=x^2$에서 $f'(x)=2x$, $f''(x)=2$

　　따라서 구간 $(-\infty,\ \infty)$에서 $f''(x)>0$이다.

② $f(x)=\dfrac{1}{x}$은 0이 아닌 모든 실수에서 정의되고,

　　$f'(x)=-\dfrac{1}{x^2}$, $f''(x)=\dfrac{2}{x^3}$

　　따라서 구간 $(-\infty,\ 0)$에서 $f''(x)<0$이고, 구간 $(0,\ \infty)$에서 $f''(x)>0$이다.

③ $f(x)=e^{-x}$에서 $f'(x)=-e^{-x}$, $f''(x)=e^{-x}$

　　따라서 구간 $(-\infty,\ \infty)$에서 $f''(x)>0$이다.

④ $f(x)=\cos x$에서 $f'(x)=-\sin x$, $f''(x)=-\cos x$

　　따라서 $f''(x)=-\cos x=0$인 x의 값에서 $f''(x)$의 부호가 항상 바뀐다.

⑤ $f(x)=\ln x$는 $x>0$에서 정의되고,

　　$f'(x)=\dfrac{1}{x}$, $f''(x)=-\dfrac{1}{x^2}$

　　따라서 구간 $(0,\ \infty)$에서 $f''(x)<0$이다.

따라서 주어진 조건을 만족시키는 함수는 ⑤이다.　　**답** ⑤

04

$f(x)=2\cos 2x$에서

$f'(x)=-4\sin 2x$, $f''(x)=-8\cos 2x$

$f''(x)=0$에서 $\cos 2x=0$

$\therefore x=\dfrac{\pi}{4}$ 또는 $x=\dfrac{3}{4}\pi\ (\because 0<x<\pi)$

$0<x<\dfrac{\pi}{4}$, $\dfrac{3}{4}\pi<x<\pi$에서 $f''(x)<0$

$\dfrac{\pi}{4}<x<\dfrac{3}{4}\pi$에서 $f''(x)>0$

따라서 $x=\dfrac{\pi}{4}$, $x=\dfrac{3}{4}\pi$의 좌우에서 $f''(x)$의 부호가 바뀌므로 변곡점의 좌표는 $\left(\dfrac{\pi}{4},\ 0\right)$, $\left(\dfrac{3}{4}\pi,\ 0\right)$이다.

그러므로 두 변곡점 사이의 거리는

$\dfrac{3}{4}\pi-\dfrac{\pi}{4}=\dfrac{\pi}{2}$　　**답** ②

05

$f(x)=axe^{bx}$에서

$f'(x)=ae^{bx}+ax\times be^{bx}=a(bx+1)e^{bx}$

$f''(x)=abe^{bx}+a(bx+1)\times be^{bx}=ab(bx+2)e^{bx}$

미분가능한 함수 $f(x)$가 $x=-\dfrac{1}{2}$에서 극솟값을 가지므로

$f'\left(-\dfrac{1}{2}\right)=0$

$a\left(-\dfrac{1}{2}b+1\right)=0 \ (\because e^{bx}>0)$

$-\dfrac{1}{2}b+1=0 \ (\because a\neq 0) \qquad \therefore b=2 \qquad \cdots\cdots \ \ominus$

$\ominus$을 $f''(x)=ab(bx+2)e^{bx}$에 대입하면

$f''(x)=2a(2x+2)e^{2x}$

$f''(x)=0$에서 $2x+2=0 \qquad \therefore x=-1$

$x=-1$의 좌우에서 $f''(x)$의 부호가 바뀌므로 변곡점의 x좌표는

-1이고, 변곡점의 y좌표가 $-\dfrac{1}{e^2}$이므로

$f(-1)=-ae^{-2}=-\dfrac{1}{e^2} \qquad \therefore a=1$

$\therefore a+b=1+2=3$ $\qquad$ **답** 3

06

함수 $y=f(x)$의 그래프를 이용하여 구간 $[a, e]$에서 $f(x)$, $f'(x)$, $f''(x)$의 부호를 조사하면 다음과 같다.

x	a	$\cdots$	b	$\cdots$	c	$\cdots$	d	$\cdots$	e
$f'(x)$	$+$	$+$	$+$	$+$	0	$-$	$-$	$-$	0
$f''(x)$	$-$	$-$	$-$	$-$	$-$	$-$	0	$+$	$+$
$f(x)$	$-$	$-$	0	$+$	$+$	$+$	0	$-$	$-$

① $f'(a)>0$, $f'(b)>0$이므로 $f'(a)f'(b)>0$

② $f'(b)>0$, $f'(c)=0$이므로 $f'(b)f'(c)=0$

③ $f(c)>0$, $f''(c)<0$이므로 $f(c)f''(c)<0$

④ $f'(d)<0$, $f''(e)>0$이므로 $f'(d)f''(e)<0$

⑤ $f(e)<0$, $f''(e)>0$이므로 $f(e)f''(e)<0$

따라서 옳은 것은 ③이다. $\qquad$ **답** ③

07

$f(x)=2\sqrt{x}-\dfrac{1}{2}x^2$에서 $x\geq 0$이고

$f'(x)=\dfrac{1}{\sqrt{x}}-x=\dfrac{1-x\sqrt{x}}{\sqrt{x}}$

$f''(x)=-\dfrac{1}{2x\sqrt{x}}-1=-\dfrac{1+2x\sqrt{x}}{2x\sqrt{x}}$

$f'(x)=0$에서 $x\sqrt{x}=1 \qquad \therefore x=1$

$x>0$에서 $f''(x)=0$을 만족시키는 x의 값은 존재하지 않으므로 변곡점은 없다.

x	0	$\cdots$	1	$\cdots$
$f'(x)$		$+$	0	$-$
$f''(x)$		$-$	$-$	$-$
$f(x)$	0	$\nearrow$	$\dfrac{3}{2}$	$\searrow$

$\lim\limits_{x\to\infty}f(x)=-\infty$이므로 함수 $y=f(x)$의 그래프는 오른쪽 그림과 같다.

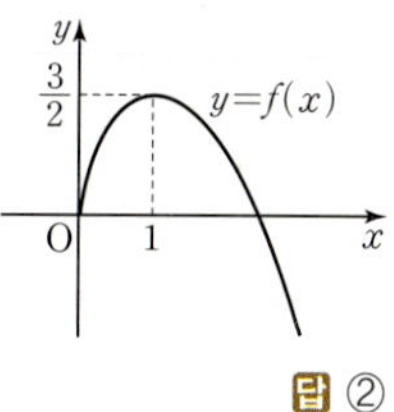

따라서 함수 $f(x)$의 치역은 $\left\{y\middle|y\leq\dfrac{3}{2}\right\}$

이므로 $a=\dfrac{3}{2}$ $\qquad$ **답** ②

08

$f(x)=e^x-x$에서

$f'(x)=e^x-1$, $f''(x)=e^x$

$f'(x)=0$에서 $e^x=1 \qquad \therefore x=0$

x	$\cdots$	0	$\cdots$
$f'(x)$	$-$	0	$+$
$f''(x)$	$+$	$+$	$+$
$f(x)$	$\searrow$	1	$\nearrow$

이때, $\lim\limits_{x\to-\infty}f(x)=\infty$, $\lim\limits_{x\to\infty}f(x)=\infty$

이므로 함수 $y=f(x)$의 그래프는 오른쪽 그림과 같다.

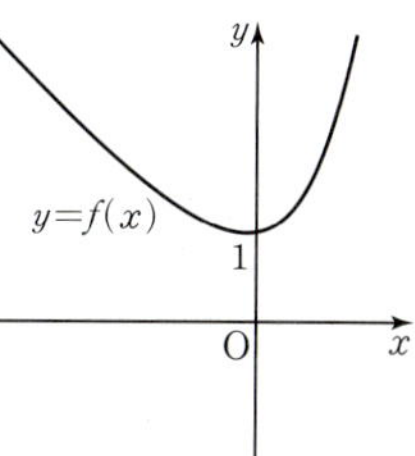

ㄱ. $f(-x)=e^{-x}+x\neq f(x)$

$\quad$ 따라서 곡선 $y=f(x)$는 y축에 대하여 대칭이 아니다. (거짓)

ㄴ. 함수 $f(x)$는 $x=0$에서 극솟값 1을 갖는다. (참)

ㄷ. 모든 실수 x에 대하여 $e^x>0$

$\quad$ 따라서 $f''(x)=0$을 만족시키는 x의 값은 존재하지 않으므로 변곡점은 없다. (거짓)

따라서 옳은 것은 ㄴ이다. $\qquad$ **답** ①

09

$f(x)=x^2(\ln x-2)$에서 $x>0$이고

$f'(x)=2x(\ln x-2)+x^2\times\dfrac{1}{x}=x(2\ln x-3)$

$f'(x)=0$에서 $2\ln x-3=0 \ (\because x>0)$

$\ln x=\dfrac{3}{2} \qquad \therefore x=e^{\frac{3}{2}}$

x	1	$\cdots$	$e^{\frac{3}{2}}$	$\cdots$	e^2
$f'(x)$	$(-)$	$-$	0	$+$	$(+)$
$f(x)$	-2	$\searrow$	$-\dfrac{1}{2}e^3$	$\nearrow$	0

따라서 함수 $f(x)$의 최댓값은 $f(e^2)=0$, 최솟값은 $f(e^{\frac{3}{2}})=-\dfrac{1}{2}e^3$

이므로 최댓값과 최솟값의 합은

$0+\left(-\dfrac{1}{2}e^3\right)=-\dfrac{1}{2}e^3$ $\qquad$ **답** ④

10

$f(x)=x\ln x-x+k$에서 $x>0$이고

$f'(x)=\ln x+x\times\dfrac{1}{x}-1=\ln x$

$f'(x)=0$에서 $\ln x=0 \qquad \therefore x=1$

x	(0)	$\cdots$	1	$\cdots$
$f'(x)$		$-$	0	$+$
$f(x)$		$\searrow$	$-1+k$	$\nearrow$

이때, $\lim\limits_{x\to\infty}f(x)=\infty$이므로

함수 $y=f(x)$의 그래프는 오른쪽 그림
과 같다.

따라서 함수 $f(x)$는 $x=1$에서 최솟값
$f(1)=-1+k$
를 갖는다.

$\therefore a=1$

그런데 최솟값이 2이므로
$-1+k=2$ $\therefore k=3$
$\therefore a+k=1+3=4$

달 ④

11

$f(x)=\dfrac{x}{x^2+4}\ (-3\le x\le 1)$에서

$f'(x)=\dfrac{(x^2+4)-x\times 2x}{(x^2+4)^2}=\dfrac{-x^2+4}{(x^2+4)^2}$

$\qquad =-\dfrac{(x+2)(x-2)}{(x^2+4)^2}$ (단, $-3<x<1$)

$f'(x)=0$에서 $(x+2)(x-2)=0$

$\therefore x=-2\ (\because -3<x<1)$

x	-3	$\cdots$	-2	$\cdots$	1
$f'(x)$	$(-)$	$-$	0	$+$	$(+)$
$f(x)$	$-\dfrac{3}{13}$	$\searrow$	$-\dfrac{1}{4}$	$\nearrow$	$\dfrac{1}{5}$

따라서 함수 $f(x)$는 $x=1$일 때 최댓값 $f(1)=\dfrac{1}{5}$, $x=-2$일 때

최솟값 $f(-2)=-\dfrac{1}{4}$을 갖는다.

$\therefore \alpha=1,\ \beta=-2$

$\therefore \alpha^2+\beta^2=1^2+(-2)^2=5$

달 5

12

방정식 $k\sqrt{x}=x+1$에서 $k\sqrt{x}-x=1$ $\qquad\cdots\cdots$ ㉠

따라서 방정식 ㉠이 서로 다른 두 실근을 가지려면 곡선
$y=k\sqrt{x}-x$와 직선 $y=1$이 서로 다른 두 점에서 만나야 한다.

$f(x)=k\sqrt{x}-x$로 놓으면 $x\ge 0$이고

$f'(x)=\dfrac{k}{2\sqrt{x}}-1=\dfrac{k-2\sqrt{x}}{2\sqrt{x}}$

$f'(x)=0$에서 $k-2\sqrt{x}=0$ $\therefore x=\dfrac{k^2}{4}$

x	0	$\cdots$	$\dfrac{k^2}{4}$	$\cdots$
$f'(x)$		$+$	0	$-$
$f(x)$	0	$\nearrow$	$\dfrac{k^2}{4}$	$\searrow$

이때, $\lim\limits_{x\to\infty}f(x)=-\infty$이므로

함수 $y=f(x)$의 그래프는 오른쪽 그림
과 같다.

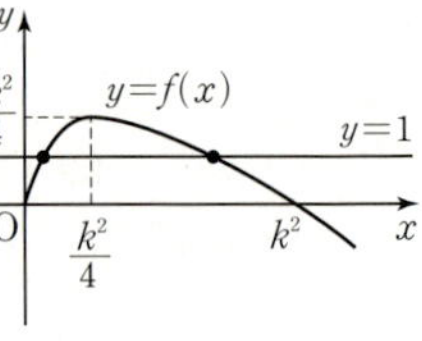

따라서 곡선 $y=k\sqrt{x}-x$와 직선 $y=1$
이 서로 다른 두 점에서 만나도록 하는
실수 k의 값의 범위는

$\dfrac{k^2}{4}>1,\ k^2>4$

$(k+2)(k-2)>0$

$k<-2$ 또는 $k>2$

$\therefore k>2\ (\because k$는 자연수$)$

따라서 자연수 k의 최솟값은 3이다.

달 ③

13

ㄱ. $f(x)=e^x-ex+1$로 놓으면 $f'(x)=e^x-e$

$f'(x)=0$에서 $e^x=e$ $\therefore x=1$

x	(0)	$\cdots$	1	$\cdots$
$f'(x)$		$-$	0	$+$
$f(x)$		$\searrow$	1	$\nearrow$

따라서 $x>0$일 때 $f(x)$의 최솟값은 $f(1)=1>0$이므로
$x>0$에서 항상 $f(x)>0$이다.

$\therefore e^x\ge ex-1$ (참)

ㄴ. $g(x)=\sqrt{x}-\ln x$로 놓으면

$g'(x)=\dfrac{1}{2\sqrt{x}}-\dfrac{1}{x}=\dfrac{\sqrt{x}-2}{2x}$

$g'(x)=0$에서 $\sqrt{x}=2$ $\therefore x=4$

x	(0)	$\cdots$	4	$\cdots$
$g'(x)$		$-$	0	$+$
$g(x)$		$\searrow$	$2-\ln 4$	$\nearrow$

따라서 $x>0$일 때 $g(x)$의 최솟값은 $g(4)=2-\ln 4$이고
$2-\ln 4=\ln e^2-\ln 4>0$
이므로 $x>0$에서 항상 $g(x)>0$이다.

$\therefore \sqrt{x}>\ln x$ (참)

ㄷ. $h(x)=2x-2-\ln x$로 놓으면

$h'(x)=2-\dfrac{1}{x}=\dfrac{2x-1}{x}$

$h'(x)=0$에서 $2x-1=0$ $\therefore x=\dfrac{1}{2}$

x	(0)	$\cdots$	$\dfrac{1}{2}$	$\cdots$
$h'(x)$		$-$	0	$+$
$h(x)$		$\searrow$	$-1+\ln 2$	$\nearrow$

따라서 $x>0$일 때 $h(x)$의 최솟값은 $h\left(\dfrac{1}{2}\right)=-1+\ln 2$이고

$-1+\ln 2<0\ (\because \ln 2<\ln e=1)$

이므로 $x>0$일 때 $h(x)<0$인 구간이 존재한다.

즉, $2x-2<\ln x$인 구간이 존재한다. (거짓)

따라서 $x>0$에서 항상 성립하는 부등식은 ㄱ, ㄴ이다.

달 ②

14

$f(x)=\cos x-k+\dfrac{1}{2}x^2$으로 놓으면

$f'(x)=-\sin x+x$

$f''(x)=-\cos x+1$

이때, $x>0$인 모든 실수 x에서 $f''(x)\geq0$이므로 함수 $f'(x)$는 증가하고, $f'(0)=0$이므로 $x\geq0$일 때 $f'(x)\geq0$이다.

따라서 $x\geq0$에서 함수 $f(x)$는 증가하므로 $x\geq0$에서 함수 $f(x)$의 최솟값은

$f(0)=1-k$

$x\geq0$에서 부등식 $f(x)\geq0$이 성립해야 하므로

$f(0)=1-k\geq0$

$\therefore k\leq1$　　　　　　　　　　달 ④

15

$\dfrac{dx}{dt}=\sin t,\ \dfrac{dy}{dt}=1-\cos t$

이므로 점 P의 시각 t에서의 속도는

$(\sin t,\ 1-\cos t)$

이때, 점 P의 속력이 $\sqrt{2}$이므로

$\sqrt{\sin^2 t+(1-\cos t)^2}=\sqrt{2}$

이 등식의 양변을 제곱하면

$\sin^2 t+1-2\cos t+\cos^2 t=2$

$2-2\cos t=2,\ \cos t=0$

$\therefore t=\dfrac{\pi}{2}\ (\because 0\leq t\leq\pi)$

$\dfrac{d^2x}{dt^2}=\cos t,\ \dfrac{d^2y}{dt^2}=\sin t$이므로 $t=\dfrac{\pi}{2}$에서의 점 P의 가속도는

$(0,\ 1)$이다.

따라서 구하는 가속도의 크기는

$\sqrt{0^2+1^2}=1$　　　　　　　　　　달 1

16

$\dfrac{dx}{dt}=\dfrac{1}{3}t^3-t+2,\ \dfrac{dy}{dt}=8t-4$에서

$\dfrac{d^2x}{dt^2}=t^2-1,\ \dfrac{d^2y}{dt^2}=8$

이므로 시각 t에서의 점 P의 가속도는

$(t^2-1,\ 8)$

이고, 가속도의 크기는

$\sqrt{(t^2-1)^2+8^2}=\sqrt{(t^2-1)^2+64}$

따라서 점 P의 가속도의 크기는 $t^2=1$, 즉 $t=1\ (\because t\geq0)$에서 최솟값 $\sqrt{64}=8$을 갖는다.　　달 ①

01 | 부정적분

교과서 핵심 개념별 대표 유형 익히기　　본문 52~56쪽

개념 ① 함수 $y=x^n$ (n은 실수)의 부정적분

개념 Check

1 (1) $\displaystyle\int x^{-4}\,dx=\dfrac{1}{-4+1}x^{-4+1}+C$

$\qquad=-\dfrac{1}{3}x^{-3}+C=-\dfrac{1}{3x^3}+C$

(2) $\displaystyle\int\dfrac{4}{x^5}\,dx=\int 4x^{-5}\,dx=\dfrac{4}{-5+1}x^{-5+1}+C$

$\qquad=-x^{-4}+C=-\dfrac{1}{x^4}+C$

(3) $\displaystyle\int\sqrt[5]{x^2}\,dx=\int x^{\frac{2}{5}}\,dx$

$\qquad=\dfrac{1}{\frac{2}{5}+1}x^{\frac{2}{5}+1}+C$

$\qquad=\dfrac{5}{7}x^{\frac{7}{5}}+C=\dfrac{5}{7}\sqrt[5]{x^7}+C$

(4) $\displaystyle\int\dfrac{3}{x}\,dx=3\int\dfrac{1}{x}\,dx=3\ln|x|+C$

달 (1) $-\dfrac{1}{3x^3}+C$ (2) $-\dfrac{1}{x^4}+C$ (3) $\dfrac{5}{7}\sqrt[5]{x^7}+C$ (4) $3\ln|x|+C$

유형 ①

$f(x)=\displaystyle\int\left(x+\dfrac{1}{x}\right)^2 dx=\int\left(x^2+2+\dfrac{1}{x^2}\right)dx$

$\qquad=\dfrac{1}{3}x^3+2x-\dfrac{1}{x}+C$

$\therefore f(2)-f(1)=\left(\dfrac{8}{3}+4-\dfrac{1}{2}+C\right)-\left(\dfrac{1}{3}+2-1+C\right)$

$\qquad=\dfrac{37}{6}-\dfrac{4}{3}=\dfrac{29}{6}$　　　　　달 ⑤

01-1

$f(x)=\displaystyle\int f'(x)\,dx=\int\dfrac{(\sqrt{x}-1)^2}{x}\,dx$

$\qquad=\displaystyle\int\dfrac{x-2\sqrt{x}+1}{x}\,dx=\int\left(1-2x^{-\frac{1}{2}}+\dfrac{1}{x}\right)dx$

$\qquad=x-4x^{\frac{1}{2}}+\ln|x|+C$

$f(1)=0$이므로 $1-4+C=0$　　　$\therefore C=3$

따라서 $f(x)=x-4\sqrt{x}+\ln|x|+3$이므로

$f(e)=e-4\sqrt{e}+4$　　　　　　　　달 ③

01-2

$\displaystyle\lim_{h\to0}\dfrac{f(x+h)-f(x)}{h}=f'(x)$이므로

$f'(x)=\sqrt[3]{x}+\dfrac{1}{x}$에서

$$f(x)=\int\left(\sqrt[3]{x}+\frac{1}{x}\right)dx=\int\left(x^{\frac{1}{3}}+\frac{1}{x}\right)dx$$
$$=\frac{3}{4}x^{\frac{4}{3}}+\ln|x|+C$$
$$=\frac{3}{4}x^{\frac{4}{3}}+\ln x+C\ (\because x>0)$$

$f(1)=\dfrac{3}{4}$이므로 $\dfrac{3}{4}+C=\dfrac{3}{4}$　　$\therefore C=0$

따라서 $f(x)=\dfrac{3}{4}x^{\frac{4}{3}}+\ln x$이므로

$$f(8)=\frac{3}{4}\times 8^{\frac{4}{3}}+\ln 8=\frac{3}{4}\times 2^4+\ln 2^3$$
$$=12+3\ln 2$$

답 ⑤

개념 2 지수함수와 삼각함수의 부정적분

개념 Check

1 (1) $\displaystyle\int e^{x+2}dx=\int e^x\times e^2dx=e^2\int e^x dx$
$$=e^2\times e^x+C=e^{x+2}+C$$

(2) $\displaystyle\int 3^{x-1}dx=\int 3^x\times 3^{-1}dx$
$$=3^{-1}\int 3^x dx=\frac{1}{3}\times\frac{3^x}{\ln 3}+C$$
$$=\frac{3^x}{3\ln 3}+C$$

(3) $\displaystyle\int(2\sin x-3\cos x)dx=-2\cos x-3\sin x+C$

답 (1) $e^{x+2}+C$ (2) $\dfrac{3^x}{3\ln 3}+C$ (3) $-2\cos x-3\sin x+C$

유형 02

$$f(x)=\int(3e^x+5^x)dx=3\int e^x dx+\int 5^x dx$$
$$=3e^x+\frac{5^x}{\ln 5}+C$$

$f(0)=\dfrac{1}{\ln 5}$이므로 $3+\dfrac{1}{\ln 5}+C=\dfrac{1}{\ln 5}$

$\therefore C=-3$

$\therefore f(x)=3e^x+\dfrac{5^x}{\ln 5}-3$

답 ③

02-1

$$\int\left\{5e^x-\left(\frac{1}{e}\right)^x\right\}dx=\int(5e^x-e^{-x})dx$$
$$=5e^x+e^{-x}+C$$

이므로

$5e^x+e^{-x}+C=ae^x+be^{-x}+C$

따라서 $a=5,\ b=1$이므로

$a+b=5+1=6$

답 6

유형 03

$$f(x)=\int(3\sin x+2\sec^2 x)dx$$
$$=-3\cos x+2\tan x+C$$

$f(0)=0$이므로 $-3+C=0$　　$\therefore C=3$

따라서 $f(x)=-3\cos x+2\tan x+3$이므로

$f(\pi)=-3\times(-1)+0+3=6$

답 ③

03-1

$$f(x)=\int\frac{\sin^2 x}{1-\cos x}dx=\int\frac{1-\cos^2 x}{1-\cos x}dx$$
$$=\int\frac{(1+\cos x)(1-\cos x)}{1-\cos x}dx$$
$$=\int(1+\cos x)dx$$
$$=x+\sin x+C$$

$f(0)=1$이므로 $C=1$

따라서 $f(x)=x+\sin x+1$이므로

$f\left(\dfrac{3}{2}\pi\right)=\dfrac{3}{2}\pi-1+1=\dfrac{3}{2}\pi$

답 $\dfrac{3}{2}\pi$

개념 3 치환적분법

개념 Check

1 (1) $4x-1=t$로 놓으면 $4=\dfrac{dt}{dx}$이므로

$$\int(4x-1)^4dx=\int t^4\times\frac{1}{4}dt=\frac{1}{4}\times\frac{1}{5}t^5+C$$
$$=\frac{1}{20}t^5+C=\frac{1}{20}(4x-1)^5+C$$

(2) $(3x^2+2x-2)'=6x+2$이므로

$$\int\frac{6x+2}{3x^2+2x-2}dx=\ln|3x^2+2x-2|+C$$

답 (1) $\dfrac{1}{20}(4x-1)^5+C$ (2) $\ln|3x^2+2x-2|+C$

유형 04

(1) $3x-1=t$로 놓으면 $3=\dfrac{dt}{dx}$이므로

$$\int e^{3x-1}dx=\int e^t\times\frac{1}{3}dt=\frac{1}{3}e^t+C$$
$$=\frac{1}{3}e^{3x-1}+C$$

(2) $\ln x=t$로 놓으면 $\dfrac{1}{x}=\dfrac{dt}{dx}$이므로

$$\int\frac{(\ln x)^2}{x}dx=\int t^2 dt=\frac{1}{3}t^3+C$$
$$=\frac{1}{3}(\ln x)^3+C$$

답 (1) $\dfrac{1}{3}e^{3x-1}+C$ (2) $\dfrac{1}{3}(\ln x)^3+C$

02 | 정적분

교과서 핵심 개념별 대표 유형 익히기　　본문 **59~62**쪽

개념 ① 정적분

개념 Check

1 (1) $\displaystyle\int_{-1}^{1} e^x\,dx=\left[\,e^x\,\right]_{-1}^{1}=e-e^{-1}$
$$=e-\frac{1}{e}$$

(2) $\displaystyle\int_{0}^{\frac{\pi}{2}} \sin x\,dx=\left[\,-\cos x\,\right]_{0}^{\frac{\pi}{2}}$
$$=0-(-1)$$
$$=1$$

(3) $\displaystyle\int_{1}^{8} 4\sqrt[3]{x}\,dx=4\int_{1}^{8} x^{\frac{1}{3}}\,dx=4\left[\,\frac{3}{4}x^{\frac{4}{3}}\,\right]_{1}^{8}$
$$=3\left(8^{\frac{4}{3}}-1^{\frac{4}{3}}\right)$$
$$=3(16-1)=45$$

(4) $\displaystyle\int_{1}^{3} (2^x+4^x)\,dx=\left[\,\frac{2^x}{\ln 2}+\frac{4^x}{\ln 4}\,\right]_{1}^{3}$
$$=\left(\frac{2^3}{\ln 2}+\frac{4^3}{\ln 4}\right)-\left(\frac{2}{\ln 2}+\frac{4}{\ln 4}\right)$$
$$=\frac{6}{\ln 2}+\frac{60}{\ln 4}=\frac{6}{\ln 2}+\frac{30}{\ln 2}=\frac{36}{\ln 2}$$

　　　　답 (1) $e-\dfrac{1}{e}$　(2) 1　(3) 45　(4) $\dfrac{36}{\ln 2}$

유형 01

(1) $\displaystyle\int_{-1}^{1} (e^x-e^{-x})\,dx=\left[\,e^x+e^{-x}\,\right]_{-1}^{1}$
$$=\left(e+\frac{1}{e}\right)-\left(\frac{1}{e}+e\right)=0$$

(2) $\displaystyle\int_{0}^{\frac{\pi}{4}} (\sec^2 x+\cos x)\,dx=\left[\,\tan x+\sin x\,\right]_{0}^{\frac{\pi}{4}}$
$$=\left(1+\frac{\sqrt{2}}{2}\right)-0=1+\frac{\sqrt{2}}{2}$$

　　　　답 (1) 0　(2) $1+\dfrac{\sqrt{2}}{2}$

01-1

$\displaystyle\int_{1}^{2} \frac{x+1}{x^2}\,dx=\int_{1}^{2}\left(\frac{1}{x}+\frac{1}{x^2}\right)dx$
$$=\int_{1}^{2}\left(\frac{1}{x}+x^{-2}\right)dx$$
$$=\left[\,\ln|x|-\frac{1}{x}\,\right]_{1}^{2}$$
$$=\left(\ln 2-\frac{1}{2}\right)-(0-1)$$
$$=\ln 2+\frac{1}{2}$$

　　　　답 ④

유형 02

$\displaystyle\int_{0}^{1} (e^x+1)^2\,dx-\int_{0}^{1} (e^x-1)^2\,dx$
$$=\int_{0}^{1} (e^{2x}+2e^x+1)\,dx-\int_{0}^{1} (e^{2x}-2e^x+1)\,dx$$
$$=\int_{0}^{1} 4e^x\,dx=4\left[\,e^x\,\right]_{0}^{1}$$
$$=4(e-1)=4e-4$$

　　　　답 ③

02-1

$\displaystyle\int_{0}^{1} (2^x+2x)\,dx-\int_{3}^{1} (2^x+2x)\,dx$
$$=\int_{0}^{1} (2^x+2x)\,dx+\int_{1}^{3} (2^x+2x)\,dx$$
$$=\int_{0}^{3} (2^x+2x)\,dx=\left[\,\frac{2^x}{\ln 2}+x^2\,\right]_{0}^{3}$$
$$=\left(\frac{8}{\ln 2}+9\right)-\frac{1}{\ln 2}=\frac{7}{\ln 2}+9$$

　　　　답 ④

개념 ②　우함수, 기함수, 주기함수의 정적분

유형 03

(1) $f(x)=x^3+\tan x$라 하면
　　$f(-x)=(-x)^3+\tan(-x)=-(x^3+\tan x)=-f(x)$
　　이므로 $f(x)$는 기함수이다.
$$\therefore \int_{-2}^{2} (x^3+\tan x)\,dx=0$$

(2) $f(x)=\sin x \cos x$라 하면
　　$f(-x)=\sin(-x)\cos(-x)$
$$=-\sin x \cos x=-f(x)$$
　　이므로 $f(x)$는 기함수이다.
$$\therefore \int_{-\pi}^{\pi} \sin x \cos x\,dx=0$$

　　　　답 (1) 0　(2) 0

03-1

$\displaystyle\int_{-\frac{\pi}{4}}^{\frac{\pi}{4}} 2\cos x(1+\tan x)\,dx$
$$=\int_{-\frac{\pi}{4}}^{\frac{\pi}{4}} 2\cos x\,dx+\int_{-\frac{\pi}{4}}^{\frac{\pi}{4}} 2\sin x\,dx$$
$$=2\int_{-\frac{\pi}{4}}^{\frac{\pi}{4}} \cos x\,dx+2\int_{-\frac{\pi}{4}}^{\frac{\pi}{4}} \sin x\,dx$$
이때, $\cos(-x)=\cos x$, $\sin(-x)=-\sin x$, 즉
$\cos x$는 우함수, $\sin x$는 기함수이므로
$$(\text{주어진 식})=4\int_{0}^{\frac{\pi}{4}} \cos x\,dx+0$$
$$=4\left[\,\sin x\,\right]_{0}^{\frac{\pi}{4}}=4\left(\frac{\sqrt{2}}{2}-0\right)=2\sqrt{2}$$

　　　　답 ④

유형 04

$f(x)=\cos x$로 놓으면 $f(x)=f(x+2\pi)$에서 $f(x)$는 주기함수
이므로

$$\int_a^{a+2\pi}\cos x\,dx=\int_0^{2\pi}\cos x\,dx=\Big[\sin x\Big]_0^{2\pi}$$
$$=0$$

답 ①

04-1

주기가 2인 연속함수 $f(x)$에 대하여

$$\int_2^3 f(x)dx=\int_{0+2}^{1+2}f(x)dx=\int_0^1 f(x)dx=\frac{1}{2}$$

$\int_3^5 f(x)dx$는 한 주기의 정적분의 값이므로

$$\int_3^5 f(x)dx=\int_0^2 f(x)dx=1$$

답 $\int_2^3 f(x)dx=\dfrac{1}{2},\ \int_3^5 f(x)dx=1$

개념 ③ 치환적분법과 부분적분법을 이용한 정적분

유형 05

(1) $\ln x=t$로 놓으면 $\dfrac{1}{x}=\dfrac{dt}{dx}$이고

　$x=1$일 때 $t=0$, $x=e$일 때 $t=1$이므로

$$\int_1^e\frac{(\ln x)^3}{x}dx=\int_0^1 t^3\,dt=\Big[\frac{1}{4}t^4\Big]_0^1=\frac{1}{4}$$

(2) $2x=t$로 놓으면 $2=\dfrac{dt}{dx}$이고

　$x=0$일 때 $t=0$, $x=1$일 때 $t=2$이므로

$$\int_0^1 2e^{2x}\,dx=\int_0^2 e^t\,dt=\Big[e^t\Big]_0^2=e^2-1$$

답 (1) $\dfrac{1}{4}$ (2) e^2-1

05-1

(1) $x=2\sin\theta\left(-\dfrac{\pi}{2}<\theta<\dfrac{\pi}{2}\right)$로 놓으면 $\dfrac{dx}{d\theta}=2\cos\theta$이고

　$x=-1$일 때 $\theta=-\dfrac{\pi}{6}$, $x=1$일 때 $\theta=\dfrac{\pi}{6}$이므로

$$\int_{-1}^1\frac{1}{\sqrt{4-x^2}}dx=\int_{-\frac{\pi}{6}}^{\frac{\pi}{6}}\frac{2\cos\theta}{\sqrt{4-4\sin^2\theta}}d\theta$$
$$=\int_{-\frac{\pi}{6}}^{\frac{\pi}{6}}\frac{2\cos\theta}{2\cos\theta}d\theta=\int_{-\frac{\pi}{6}}^{\frac{\pi}{6}}1\,d\theta$$
$$=\Big[\theta\Big]_{-\frac{\pi}{6}}^{\frac{\pi}{6}}=\frac{\pi}{6}+\frac{\pi}{6}=\frac{\pi}{3}$$

(2) $x=3\tan\theta\left(-\dfrac{\pi}{2}<\theta<\dfrac{\pi}{2}\right)$로 놓으면 $\dfrac{dx}{d\theta}=3\sec^2\theta$이고

　$x=0$일 때 $\theta=0$, $x=3$일 때 $\theta=\dfrac{\pi}{4}$이므로

$$\int_0^3\frac{1}{9+x^2}dx=\int_0^{\frac{\pi}{4}}\frac{3\sec^2\theta}{9+9\tan^2\theta}d\theta$$

$$=\int_0^{\frac{\pi}{4}}\frac{3\sec^2\theta}{9\sec^2\theta}d\theta=\int_0^{\frac{\pi}{4}}\frac{1}{3}d\theta$$
$$=\Big[\frac{1}{3}\theta\Big]_0^{\frac{\pi}{4}}=\frac{1}{3}\times\frac{\pi}{4}=\frac{\pi}{12}$$

답 (1) $\dfrac{\pi}{3}$ (2) $\dfrac{\pi}{12}$

유형 06

(1) $f(x)=x$, $g'(x)=\sin x$로 놓으면

　$f'(x)=1$, $g(x)=-\cos x$

$$\therefore \int_0^{\frac{\pi}{2}}x\sin x\,dx=\Big[-x\cos x\Big]_0^{\frac{\pi}{2}}+\int_0^{\frac{\pi}{2}}\cos x\,dx$$
$$=0+\Big[\sin x\Big]_0^{\frac{\pi}{2}}=1$$

(2) $f(x)=\ln x$, $g'(x)=x$로 놓으면

　$f'(x)=\dfrac{1}{x}$, $g(x)=\dfrac{1}{2}x^2$

$$\therefore \int_1^e x\ln x\,dx=\Big[\frac{1}{2}x^2\ln x\Big]_1^e-\int_1^e\frac{1}{2}x\,dx$$
$$=\frac{1}{2}e^2-\Big[\frac{1}{4}x^2\Big]_1^e$$
$$=\frac{1}{2}e^2-\left(\frac{1}{4}e^2-\frac{1}{4}\right)=\frac{1}{4}e^2+\frac{1}{4}$$

답 (1) 1 (2) $\dfrac{1}{4}e^2+\dfrac{1}{4}$

06-1

$f(x)=x+1$, $g'(x)=e^x$으로 놓으면

$f'(x)=1$, $g(x)=e^x$

$$\therefore \int_0^2(x+1)e^x\,dx=\Big[(x+1)e^x\Big]_0^2-\int_0^2 e^x\,dx$$
$$=(3e^2-1)-\Big[e^x\Big]_0^2$$
$$=(3e^2-1)-(e^2-1)=2e^2$$

답 $2e^2$

개념 ④ 정적분으로 정의된 함수

개념 Check

1 (2) $\dfrac{d}{dx}\displaystyle\int_x^{x+1}e^t\,dt=e^{x+1}-e^x$

$$=e^x(e-1)$$

답 (1) $\sin x$ (2) $e^x(e-1)$

유형 07

$\displaystyle\int_a^a f(t)dt=0$이므로 주어진 식의 양변에 $x=a$를 대입하면

$e^a-6=0$, $e^a=6$

$\therefore a=\ln 6$

$\displaystyle\int_a^x f(t)dt=e^x-6$의 양변을 x에 대하여 미분하면

$f(x)=e^x$이므로 $f(a)=f(\ln 6)=e^{\ln 6}=6$

$\therefore a+f(a)=\ln 6+6$

답 $\ln 6+6$

07-1

$\displaystyle\int_0^0 f(t)dt=0$이므로 주어진 식의 양변에 $x=0$을 대입하면

$0=1+a \quad \therefore a=-1$

$\displaystyle\int_0^x f(t)dt=e^x+ax+a$의 양변을 x에 대하여 미분하면

$f(x)=e^x+a=e^x-1$

$\therefore f(\ln 2)=e^{\ln 2}-1$

$\qquad\qquad =2-1=1$

답 ①

유형 08

$f(t)=\cos\left(t+\dfrac{\pi}{2}\right)$로 놓고 $f(t)$의 한 부정적분을 $F(t)$라 하면

$\displaystyle\lim_{x\to 0}\frac{1}{x}\int_0^x\cos\left(t+\frac{\pi}{2}\right)dt=\lim_{x\to 0}\frac{1}{x}\int_0^x f(t)dt$

$\qquad\qquad =\displaystyle\lim_{x\to 0}\frac{1}{x}\Big[F(t)\Big]_0^x$

$\qquad\qquad =\displaystyle\lim_{x\to 0}\frac{F(x)-F(0)}{x-0}$

$\qquad\qquad =F'(0)=f(0)$

$\qquad\qquad =\cos\dfrac{\pi}{2}=0$

답 ③

08-1

함수 $f(t)$의 한 부정적분을 $F(t)$라 하면

$\displaystyle\lim_{x\to 2}\frac{1}{x^2-4}\int_2^x f(t)dt=\lim_{x\to 2}\frac{1}{x^2-4}\Big[F(t)\Big]_2^x$

$\qquad\qquad =\displaystyle\lim_{x\to 2}\frac{F(x)-F(2)}{x^2-4}$

$\qquad\qquad =\displaystyle\lim_{x\to 2}\left\{\frac{F(x)-F(2)}{x-2}\times\frac{1}{x+2}\right\}$

$\qquad\qquad =\dfrac{1}{4}F'(2)=\dfrac{1}{4}f(2)$

$\qquad\qquad =\dfrac{1}{4}(e^2\sin\pi+12+4)$

$\qquad\qquad =\dfrac{1}{4}\times 16=4$

답 4

대표 유형 다지기
본문 63~64쪽

01 ⑤	**02** $\dfrac{\pi}{4}$	**03** $\ln 2$	**04** ①	**05** 8
06 ③	**07** 3	**08** ②	**09** ⑤	**10** 7
11 ②	**12** $-\dfrac{1}{2}$	**13** ①	**14** ③	**15** ①
16 ①	**17** ⑤			

01

$\displaystyle\int_0^1 (k-\sqrt{x})(k^2+k\sqrt{x}+x)\,dx$

$=\displaystyle\int_0^1 (k-\sqrt{x})\{k^2+k\sqrt{x}+(\sqrt{x})^2\}\,dx$

$=\displaystyle\int_0^1 \{k^3-(\sqrt{x})^3\}\,dx=\int_0^1\left(k^3-x^{\frac{3}{2}}\right)dx$

$=\left[k^3 x-\dfrac{2}{5}x^{\frac{5}{2}}\right]_0^1$

$=k^3-\dfrac{2}{5}$

따라서 $k^3-\dfrac{2}{5}=\dfrac{3}{5}$이므로 $k^3=1$

$\therefore k=1$

보충 설명

$(a-b)(a^2+ab+b^2)=a^3-b^3$

답 ⑤

02

$\displaystyle\int_0^k (\sec^2 x+e^{3x})dx-\int_0^k (e^{3x}-\sec^2 x)dx=2$

$\displaystyle\int_0^k 2\sec^2 x\,dx=2$

$\Big[2\tan x\Big]_0^k=2,\ 2(\tan k-0)=2$

$\tan k=1 \quad \therefore k=\dfrac{\pi}{4}\left(\because 0<k<\dfrac{\pi}{2}\right)$

답 $\dfrac{\pi}{4}$

03

$\displaystyle\int_1^3 f(x)dx-\int_5^3 f(t)dt-\int_2^5 f(s)ds$

$=\displaystyle\int_1^3 f(x)dx+\int_3^5 f(x)dx+\int_5^2 f(x)dx$

$=\displaystyle\int_1^2 f(x)dx=\int_1^2 \frac{1}{x}\,dx$

$=\Big[\ln|x|\Big]_1^2=\ln 2-0=\ln 2$

답 $\ln 2$

04

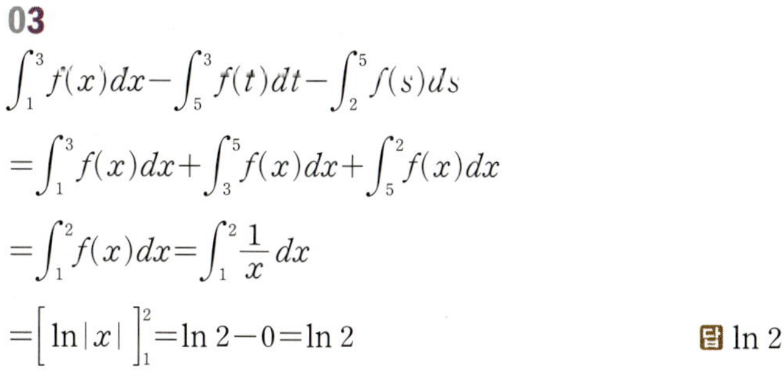

오른쪽 그림에서

$|e^x-1|=\begin{cases}-e^x+1 & (x\le 0)\\ e^x-1 & (x>0)\end{cases}$이므로

$\displaystyle\int_{-1}^1 |e^x-1|\,dx$

$=\displaystyle\int_{-1}^0 (-e^x+1)dx+\int_0^1 (e^x-1)dx$

$=\Big[-e^x+x\Big]_{-1}^0+\Big[e^x-x\Big]_0^1$

$=(-1)-(-e^{-1}-1)+(e-1)-1$

$=e+\dfrac{1}{e}-2$

답 ①

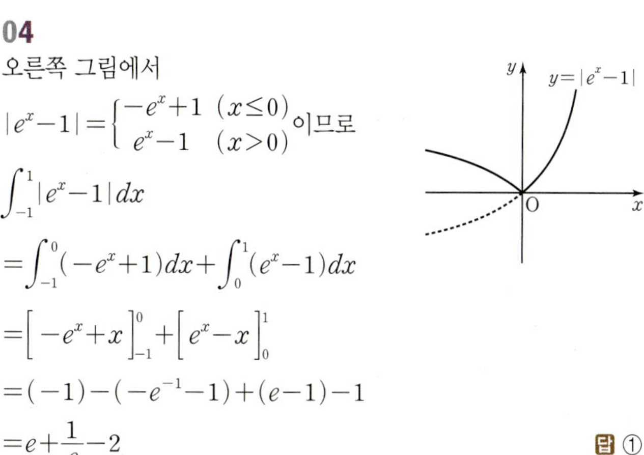

05

오른쪽 그림에서

$0 \leq x \leq \dfrac{\pi}{4}$일 때 $\cos x \geq \sin x$

$\dfrac{\pi}{4} \leq x \leq \pi$일 때 $\sin x \geq \cos x$

이므로

$\displaystyle\int_0^\pi |\sin x - \cos x|\, dx$

$= \displaystyle\int_0^{\frac{\pi}{4}} (-\sin x + \cos x)\, dx + \int_{\frac{\pi}{4}}^\pi (\sin x - \cos x)\, dx$

$= \Big[\cos x + \sin x\Big]_0^{\frac{\pi}{4}} + \Big[-\cos x - \sin x\Big]_{\frac{\pi}{4}}^\pi$

$= \left(\dfrac{\sqrt{2}}{2} + \dfrac{\sqrt{2}}{2}\right) - (1+0) + (1-0) - \left(-\dfrac{\sqrt{2}}{2} - \dfrac{\sqrt{2}}{2}\right)$

$= 2\sqrt{2}$

따라서 $k = 2\sqrt{2}$이므로 $k^2 = (2\sqrt{2})^2 = 8$　　**답** 8

06

$f(x) = x\cos 3x$라 하면

$\begin{aligned} f(-x) &= -x\cos(-3x) \\ &= -x\cos 3x = -f(x) \end{aligned}$

이므로 $f(x)$는 기함수이다.

또한 $g(x) = \sin 2x$라 하면

$g(-x) = \sin(-2x) = -\sin 2x = -g(x)$

이므로 $g(x)$도 기함수이다.

$\therefore \displaystyle\int_{-\pi}^\pi (x\cos 3x + \sin 2x)\, dx = 0$

· 보충 설명 ·

① 우함수와 우함수의 곱은 우함수이다.

② 기함수와 기함수의 곱은 우함수이다.

③ 우함수와 기함수의 곱은 기함수이다.　　**답** ③

07

$f(-x) = -f(x)$에서 함수 $f(x)$가 기함수이므로

$\displaystyle\int_{-2}^4 f(x)\, dx = \int_{-2}^2 f(x)\, dx + \int_2^4 f(x)\, dx$

$\qquad\qquad = \displaystyle\int_2^4 f(x)\, dx$　　······ ㉠

한편, 조건 ㈎에서 $f'(x) > 0$이므로 $f(x)$는 증가하는 함수이고

$f(-x) = -f(x)$에 $x=0$을 대입하면 $f(0)=0$이므로

$x > 0$일 때 $f(x) > 0$이다.

따라서 조건 ㈏에서

$\displaystyle\int_2^4 |f(x)|\, dx = \int_2^4 f(x)\, dx = 3$　　······ ㉡

㉡을 ㉠에 대입하면

$\displaystyle\int_{-2}^4 f(x)\, dx = \int_2^4 f(x)\, dx = 3$

· 다른 풀이 ·

조건 ㈎에서 모든 실수 x에 대하여 $f'(x) > 0$이므로 함수 $f(x)$는 증가하는 함수이다.

또한 $f(-x) = -f(x)$에서 함수 $y=f(x)$의 그래프는 원점에 대하여 대칭(기함수)이므로 다음 그림에서 -2에서 0까지의 넓이와 0에서 2까지의 넓이가 A로 같다.

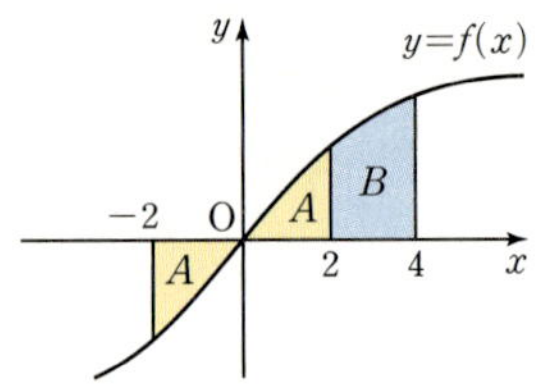

조건 ㈏에서 $\displaystyle\int_2^4 |f(x)|\, dx = 3$이므로

위의 그림에서 $B=3$

$\therefore \displaystyle\int_{-2}^4 f(x)\, dx = \int_{-2}^0 f(x)\, dx + \int_0^2 f(x)\, dx + \int_2^4 f(x)\, dx$

$\qquad\qquad = -A + A + B = 3$　　**답** 3

08

$\ln x = t$로 놓으면 $\dfrac{1}{x} = \dfrac{dt}{dx}$이고

$x = e$일 때 $t=1$, $x = e^2$일 때 $t=2$이므로

$\displaystyle\int_e^{e^2} \dfrac{3(\ln x)^2}{x}\, dx = \int_1^2 3t^2\, dt = \Big[t^3\Big]_1^2$

$\qquad\qquad\qquad\quad = 8 - 1 = 7$　　**답** ②

09

$\sin x = t$로 놓으면 $\cos x = \dfrac{dt}{dx}$이고

$x=0$일 때 $t=0$, $x = \dfrac{\pi}{2}$일 때 $t=1$이므로

$\displaystyle\int_0^{\frac{\pi}{2}} \sin x \cos x(\sin x + 1)\, dx$

$= \displaystyle\int_0^{\frac{\pi}{2}} \cos x(\sin^2 x + \sin x)\, dx$

$= \displaystyle\int_0^1 (t^2 + t)\, dt = \Big[\dfrac{1}{3}t^3 + \dfrac{1}{2}t^2\Big]_0^1$

$= \dfrac{1}{3} + \dfrac{1}{2} = \dfrac{5}{6}$　　**답** ⑤

10

$x^2 - x + 1 = t$로 놓으면 $2x - 1 = \dfrac{dt}{dx}$이고

$x=0$일 때 $t=1$, $x=3$일 때 $t=7$이므로

$\displaystyle\int_0^3 \dfrac{2x-1}{x^2-x+1}\, dx = \int_1^7 \dfrac{1}{t}\, dt = \Big[\ln t\Big]_1^7$

$\qquad\qquad\qquad\qquad = \ln 7$

$\ln k = \ln 7$에서 $k = 7$　　**답** 7

11

$x = \tan\theta\left(-\dfrac{\pi}{2} < \theta < \dfrac{\pi}{2}\right)$로 놓으면 $\dfrac{dx}{d\theta} = \sec^2\theta$이고

$x=0$일 때 $\theta=0$, $x=1$일 때 $\theta = \dfrac{\pi}{4}$이므로

$$\int_0^1 \frac{1}{1+x^2}\,dx = \int_0^{\frac{\pi}{4}} \frac{1}{1+\tan^2\theta} \times \sec^2\theta\,d\theta$$

$$= \int_0^{\frac{\pi}{4}} 1\,d\theta = \Big[\,\theta\,\Big]_0^{\frac{\pi}{4}} = \frac{\pi}{4}$$

답 ②

12

$f(x)=x,\ g'(x)=\cos 2x$로 놓으면

$f'(x)=1,\ g(x)=\dfrac{1}{2}\sin 2x$

$$\therefore \int_0^{\frac{\pi}{2}} x\cos 2x\,dx = \Big[\,\frac{1}{2}x\sin 2x\,\Big]_0^{\frac{\pi}{2}} - \int_0^{\frac{\pi}{2}} \frac{1}{2}\sin 2x\,dx$$

$$= 0 - \Big[\,-\frac{1}{4}\cos 2x\,\Big]_0^{\frac{\pi}{2}}$$

$$= \frac{1}{4}(-1-1) = -\frac{1}{2}$$

답 $-\dfrac{1}{2}$

13

$f(x)=(\ln x)^2,\ g'(x)=1$로 놓으면

$f'(x)=\dfrac{2}{x}\ln x,\ g(x)=x$

$$\therefore \int_1^e (\ln x)^2\,dx = \Big[\,x(\ln x)^2\,\Big]_1^e - \int_1^e 2\ln x\,dx$$

$$= e - \int_1^e 2\ln x\,dx \qquad \cdots\cdots \ ㉠$$

$\displaystyle\int_1^e 2\ln x\,dx$에서 $u(x)=\ln x,\ v'(x)=2$로 놓으면

$u'(x)=\dfrac{1}{x},\ v(x)=2x$

$$\therefore \int_1^e 2\ln x\,dx = \Big[\,2x\ln x\,\Big]_1^e - \int_1^e 2\,dx$$

$$= 2e - \Big[\,2x\,\Big]_1^e = 2 \qquad \cdots\cdots \ ㉡$$

㉡을 ㉠에 대입하면

$$\int_1^e (\ln x)^2\,dx = e-2$$

답 ①

14

$f(x)=e^x+x-\displaystyle\int_0^x te^t\,dt$에서

$f(0)=e^0+0-\displaystyle\int_0^0 te^t\,dt$이므로 $f(0)=1$

$\dfrac{d}{dx}\displaystyle\int_0^x te^t\,dt = xe^x$이므로

주어진 식의 양변을 x에 대하여 미분하면

$f'(x)=e^x+1-xe^x=(1-x)e^x+1$

$\therefore f'(0)=e^0+1=2$

$\therefore f(0)+f'(0)=1+2=3$

답 ③

15

$\displaystyle\int_0^2 f(t)\,dt=a\ (a는\ 상수)$로 놓으면 $f(x)=e^x+a$이므로

$$\int_0^2 (e^t+a)\,dt=a$$

$$\Big[\,e^t+at\,\Big]_0^2=a,\ e^2+2a-1=a$$

$$\therefore a=-e^2+1$$

따라서 $f(x)=e^x-e^2+1$이므로

$f(2)=e^2-e^2+1=1$

답 ①

16

$\displaystyle\int_0^{\frac{\pi}{2}} f(t)\,dt=k\ (k는\ 상수)$로 놓으면 $f(x)=5x\cos x+k$이므로

$$\int_0^{\frac{\pi}{2}} (5t\cos t+k)\,dt=k$$

$u(t)=5t,\ v'(t)=\cos t$로 놓으면

$u'(t)=5,\ v(t)=\sin t$

$$\therefore \int_0^{\frac{\pi}{2}} (5t\cos t+k)\,dt = \int_0^{\frac{\pi}{2}} 5t\cos t\,dt + \int_0^{\frac{\pi}{2}} k\,dt$$

$$= \Big[\,5t\sin t\,\Big]_0^{\frac{\pi}{2}} - \int_0^{\frac{\pi}{2}} 5\sin t\,dt + \Big[\,kt\,\Big]_0^{\frac{\pi}{2}}$$

$$= \frac{5}{2}\pi + \Big[\,5\cos t\,\Big]_0^{\frac{\pi}{2}} + \frac{k}{2}\pi$$

$$= \frac{5}{2}\pi - 5 + \frac{k}{2}\pi$$

$$= \frac{\pi}{2}(5+k) - 5 = k$$

$$\therefore k=-5$$

따라서 $f(x)=5x\cos x-5$이므로 $f(0)=-5$

답 ①

17

$f(x)=\displaystyle\int_0^x (e^{2t}+e^t+1)\,dt$에서

$f(0)=\displaystyle\int_0^0 (e^{2t}+e^t+1)\,dt=0$

$f'(x)=e^{2x}+e^x+1$이므로

$$\lim_{x\to 0}\frac{f(x)}{x} = \lim_{x\to 0}\frac{f(x)-f(0)}{x-0}$$

$$= f'(0) = 1+1+1 = 3$$

답 ⑤

03 | 정적분의 활용

개념 ①　정적분과 급수의 합 사이의 관계

유형 01

$f(x)=x^2$이라 하면 함수 $f(x)$는 닫힌구간 $[0,\ 2]$에서 연속이다.

$\Delta x=\dfrac{2-0}{n}=\dfrac{2}{n}$로 놓으면

$x_k=0+k\Delta x=\dfrac{2k}{n}$, $f(x_k)=x_k{}^2=\left(\dfrac{2k}{n}\right)^2$

이므로

$$\begin{aligned}
\int_0^2 x^2\,dx &= \lim_{n\to\infty}\sum_{k=1}^{n}f(x_k)\Delta x\\
&= \lim_{n\to\infty}\sum_{k=1}^{n}\left(\dfrac{2k}{n}\right)^2\times\dfrac{2}{n}\\
&= \lim_{n\to\infty}\dfrac{8}{n^3}\sum_{k=1}^{n}k^2\\
&= \lim_{n\to\infty}\left\{\dfrac{8}{n^3}\times\dfrac{n(n+1)(2n+1)}{6}\right\}\\
&= \boxed{\dfrac{4}{3}}\times\lim_{n\to\infty}\left(1+\dfrac{1}{n}\right)\left(2+\dfrac{1}{n}\right)\\
&= \boxed{\dfrac{8}{3}}
\end{aligned}$$

$\therefore$ (개) $:\dfrac{4}{3}$, (내) $:\dfrac{8}{3}$　　　답 ③

01-1

$h(x)=-x$라 하면 함수 $h(x)$는 닫힌구간 $[0,\ 3]$에서 연속이다.

$\Delta x=\dfrac{3-0}{n}=\dfrac{3}{n}$으로 놓으면

$x_k=0+k\Delta x=\dfrac{3k}{n}$, $h(x_k)=-x_k=-\dfrac{3k}{n}$

이므로

$$\begin{aligned}
\int_0^3(-x)\,dx &= \lim_{n\to\infty}\sum_{k=1}^{n}h(x_k)\Delta x\\
&= \lim_{n\to\infty}\sum_{k=1}^{n}\left(-\dfrac{3k}{n}\right)\times\boxed{\dfrac{3}{n}}\\
&= -9\lim_{n\to\infty}\dfrac{1}{n^2}\sum_{k=1}^{n}k\\
&= -9\lim_{n\to\infty}\left\{\dfrac{1}{n^2}\times\dfrac{n(n+1)}{2}\right\}\\
&= -\dfrac{9}{2}\lim_{n\to\infty}\left(1+\boxed{\dfrac{1}{n}}\right)\\
&= -\dfrac{9}{2}
\end{aligned}$$

따라서 $f(n)=\dfrac{3}{n}$, $g(n)=\dfrac{1}{n}$이므로

$f(3)+g(3)=\dfrac{3}{3}+\dfrac{1}{3}=\dfrac{4}{3}$　　　답 ④

개념 ②　정적분을 이용한 급수의 계산

유형 02

$$\lim_{n\to\infty}\sum_{k=1}^{n}\dfrac{1}{n+k}=\lim_{n\to\infty}\sum_{k=1}^{n}\dfrac{1}{1+\dfrac{k}{n}}\times\dfrac{1}{n}$$

$\Delta x=\dfrac{1-0}{n}$, $x_k=k\times\dfrac{1}{n}=\dfrac{k}{n}$라 하면 정적분과 급수의 합 사이의 관계에 의하여

$$\begin{aligned}
\lim_{n\to\infty}\sum_{k=1}^{n}\dfrac{1}{1+\dfrac{k}{n}}\times\dfrac{1}{n} &= \int_0^1\dfrac{1}{1+x}\,dx\\
&= \left[\ln|1+x|\,\right]_0^1\\
&= \ln 2
\end{aligned}$$

답 $\ln 2$

02-1

$$\lim_{n\to\infty}\left(e^{\frac{1}{n}}\times\dfrac{3}{n}+e^{\frac{2}{n}}\times\dfrac{3}{n}+e^{\frac{3}{n}}\times\dfrac{3}{n}+\cdots+e^{\frac{n}{n}}\times\dfrac{3}{n}\right)$$

$$=\lim_{n\to\infty}\sum_{k=1}^{n}e^{\frac{k}{n}}\times\dfrac{3}{n}=3\lim_{n\to\infty}\sum_{k=1}^{n}e^{\frac{k}{n}}\times\dfrac{1}{n}$$

$\Delta x=\dfrac{1-0}{n}$, $x_k=k\times\dfrac{1}{n}=\dfrac{k}{n}$라 하면 정적분과 급수의 합 사이의 관계에 의하여

$$\begin{aligned}
3\lim_{n\to\infty}\sum_{k=1}^{n}e^{\frac{k}{n}}\times\dfrac{1}{n} &= 3\int_0^1 e^x\,dx\\
&= 3\left[e^x\right]_0^1=3(e-1)
\end{aligned}$$

답 ③

02-2

$\displaystyle\lim_{n\to\infty}\sum_{k=1}^{n}\left(\cos\dfrac{k}{n}\pi\right)\times\dfrac{1}{n}$에서

$\Delta x=\dfrac{1-0}{n}$, $x_k=k\times\dfrac{1}{n}=\dfrac{k}{n}$라 하면 정적분과 급수의 합 사이의 관계에 의하여

$$\begin{aligned}
\lim_{n\to\infty}\sum_{k=1}^{n}\left(\cos\dfrac{k}{n}\pi\right)\times\dfrac{1}{n} &= \int_0^1\cos\pi x\,dx\\
&= \dfrac{1}{\pi}\left[\sin\pi x\right]_0^1\\
&= \dfrac{1}{\pi}\times 0=0
\end{aligned}$$

답 ①

02-3

$\displaystyle\lim_{n\to\infty}\sum_{k=1}^{n}\dfrac{2}{\sqrt{n}}\times\dfrac{1}{\sqrt{k}}=2\lim_{n\to\infty}\sum_{k=1}^{n}\dfrac{1}{\sqrt{\dfrac{k}{n}}}\times\dfrac{1}{n}$에서

$\Delta x=\dfrac{1-0}{n}$, $x_k=k\times\dfrac{1}{n}=\dfrac{k}{n}$라 하면 정적분과 급수의 합 사이의 관계에 의하여

$$\begin{aligned}
2\lim_{n\to\infty}\sum_{k=1}^{n}\dfrac{1}{\sqrt{\dfrac{k}{n}}}\times\dfrac{1}{n} &= 2\int_0^1\dfrac{1}{\sqrt{x}}\,dx=2\int_0^1 x^{-\frac{1}{2}}\,dx\\
&= 2\left[2x^{\frac{1}{2}}\right]_0^1=4
\end{aligned}$$

답 ④

개념 **3** 곡선과 좌표축 사이의 넓이

개념 3 곡선과 좌표축 사이의 넓이

유형 03

오른쪽 그림에서 구하는 넓이는

$$\int_{-1}^{3} |e^x - 1|\, dx$$
$$= \int_{-1}^{0} (-e^x + 1)\, dx + \int_{0}^{3} (e^x - 1)\, dx$$
$$= \left[-e^x + x \right]_{-1}^{0} + \left[e^x - x \right]_{0}^{3}$$
$$= -1 - \left(-\frac{1}{e} - 1 \right) + (e^3 - 3) - 1$$
$$= e^3 + \frac{1}{e} - 4$$

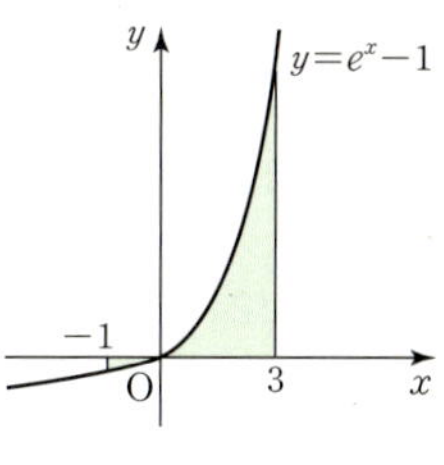

답 $e^3 + \dfrac{1}{e} - 4$

03-1

함수 $y = \sin \pi x$의 그래프는 주기가 $\dfrac{2\pi}{\pi} = 2$이므로 다음 그림과 같다.

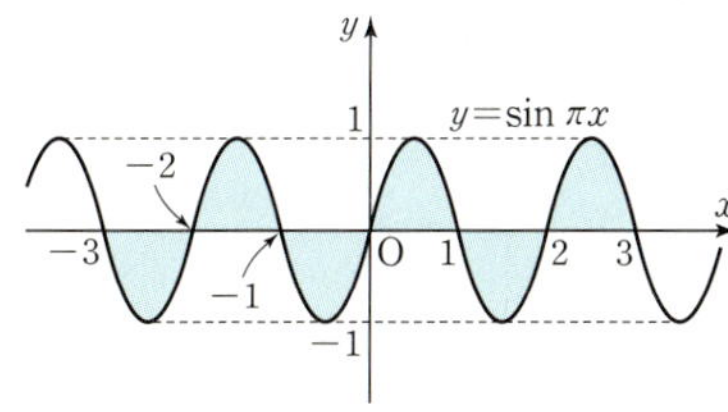

따라서 $-3 \le x \le 3$인 범위에서 곡선 $y = \sin \pi x$와 x축으로 둘러싸인 도형의 넓이는

$$\int_{-3}^{3} |\sin \pi x|\, dx = 6 \int_{0}^{1} \sin \pi x \, dx$$
$$= 6 \left[-\frac{1}{\pi} \cos \pi x \right]_{0}^{1}$$
$$= 6 \left(\frac{1}{\pi} + \frac{1}{\pi} \right) = \frac{12}{\pi}$$

답 ⑤

유형 04

$y = \ln x$에서 $x = e^y$
따라서 구하는 넓이는

$$\int_{0}^{\ln 3} e^y \, dy = \left[e^y \right]_{0}^{\ln 3}$$
$$= 3 - 1 = 2$$

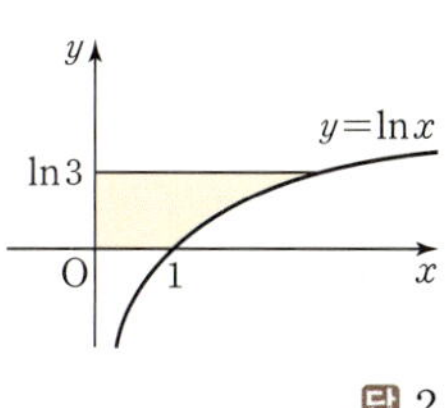

답 2

04-1

$y = \sqrt{x}$에서 $x = y^2$
따라서 구하는 넓이는

$$\int_{0}^{3} y^2 \, dy = \left[\frac{1}{3} y^3 \right]_{0}^{3} = 9$$

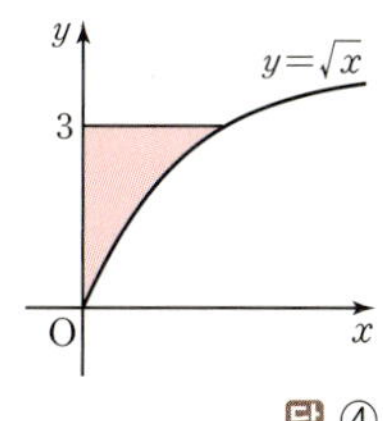

답 ④

개념 4 두 곡선 사이의 넓이

유형 05

두 곡선 $y = \sin x$, $y = \cos x$의 교점의 x좌표는 $\sin x = \cos x$에서

$$x = \frac{\pi}{4} \ (\because \ 0 \le x \le \pi)$$

따라서 구하는 넓이는

$$\int_{0}^{\frac{\pi}{4}} (\cos x - \sin x)\, dx$$
$$+ \int_{\frac{\pi}{4}}^{\pi} (\sin x - \cos x)\, dx$$
$$= \left[\sin x + \cos x \right]_{0}^{\frac{\pi}{4}} + \left[-\cos x - \sin x \right]_{\frac{\pi}{4}}^{\pi}$$
$$= (\sqrt{2} - 1) + (1 + \sqrt{2}) = 2\sqrt{2}$$

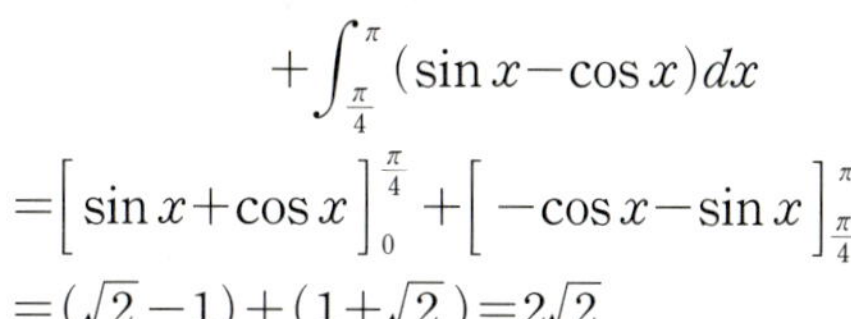

답 $2\sqrt{2}$

05-1

두 곡선 $y = e^x$, $y = e^{-x}$의 교점의 x좌표는
$e^x = e^{-x}$에서 $e^{2x} = 1$ ∴ $x = 0$
따라서 구하는 넓이는

$$\int_{0}^{2} (e^x - e^{-x})\, dx = \left[e^x + e^{-x} \right]_{0}^{2}$$
$$= e^2 + \frac{1}{e^2} - 2$$

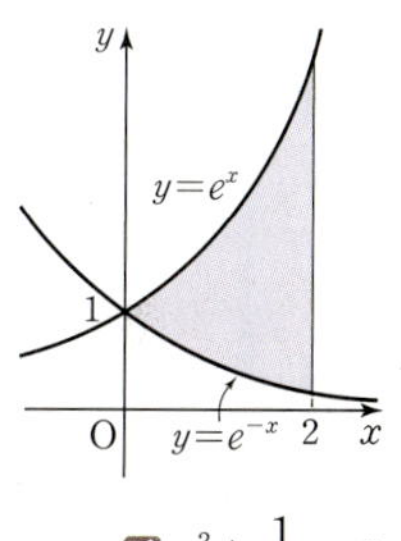

답 $e^2 + \dfrac{1}{e^2} - 2$

05-2

오른쪽 그림에서 구하는 넓이는

$$\int_{1}^{2} (\ln 2x - \ln x)\, dr$$
$$= \int_{1}^{2} \{(\ln 2 + \ln x) - \ln x\}\, dx$$
$$= \int_{1}^{2} \ln 2 \, dx$$
$$= \left[x \ln 2 \right]_{1}^{2} = \ln 2$$

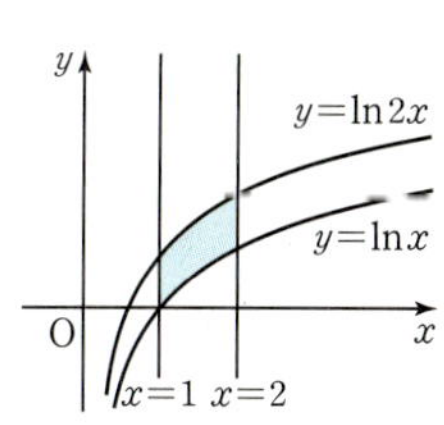

답 ①

05-3

곡선 $f(x) = \dfrac{2x}{x^2 + 1}$가 원점에 대하여 대칭이므로 구하는 넓이는

$$2 \int_{0}^{\sqrt{3}} \left(\frac{2x}{x^2 + 1} - \frac{1}{2}x \right) dx = 2 \left[\ln(x^2 + 1) - \frac{1}{4}x^2 \right]_{0}^{\sqrt{3}}$$
$$= 2 \left(\ln 4 - \frac{3}{4} \right) = 4 \ln 2 - \frac{3}{2}$$

답 ②

개념 5 입체도형의 부피

유형 06

높이가 x cm일 때의 수면의 넓이가 $(e^x + 5)$ cm²이므로 물의 높이가 10 cm일 때, 물탱크에 채워진 물의 부피는

$$\int_0^{10}(e^x+5)\,dx=\Big[\,e^x+5x\,\Big]_0^{10}$$
$$=e^{10}+50-1$$
$$=e^{10}+49\,(\mathrm{cm}^3)$$

답 $(e^{10}+49)\mathrm{cm}^3$

06-1

단면의 넓이를 $S(x)$라 하면 $S(x)=\sqrt{2x}$

따라서 구하는 부피는
$$\int_0^{10}\sqrt{2x}\,dx=\int_0^{10}\sqrt{2}\,x^{\frac{1}{2}}\,dx$$
$$=\Big[\,\frac{2\sqrt{2}}{3}x^{\frac{3}{2}}\,\Big]_0^{10}=\frac{40}{3}\sqrt{5}$$

답 ④

06-2

단면이 한 변의 길이가 $\sqrt{9-x^2}$인 정사각형이므로 밑면으로부터의 높이가 x인 단면의 넓이를 $S(x)$라 하면
$$S(x)=(\sqrt{9-x^2})^2=9-x^2$$

따라서 구하는 부피는
$$\int_0^3(9-x^2)\,dx=\Big[\,9x-\frac{1}{3}x^3\,\Big]_0^3=18$$

답 18

06-3

$x=t$인 점에서 단면인 정삼각형의 한 변의 길이는 $2\tan t$이므로 이 정삼각형의 넓이를 $S(t)$라 하면
$$S(t)=\frac{\sqrt{3}}{4}\times(2\tan t)^2$$
$$=\sqrt{3}\tan^2 t$$

따라서 구하는 부피는
$$\int_0^{\frac{\pi}{6}}S(t)\,dt=\int_0^{\frac{\pi}{6}}\sqrt{3}\tan^2 t\,dt$$
$$=\sqrt{3}\int_0^{\frac{\pi}{6}}(\sec^2 t-1)\,dt$$
$$=\sqrt{3}\Big[\,\tan t-t\,\Big]_0^{\frac{\pi}{6}}$$
$$=\sqrt{3}\times\Big(\frac{1}{\sqrt{3}}-\frac{\pi}{6}\Big)=1-\frac{\sqrt{3}}{6}\pi$$

답 ①

개념 6 속도와 거리

개념 Check

1 (1) $t=0$일 때의 위치가 $x_0=0$이므로 시각 t에서의 점 P의 위치는
$$x=0+\int_0^t\pi\sin\pi t\,dt=\Big[\,-\cos\pi t\,\Big]_0^t$$
$$=-\cos\pi t+\cos 0=-\cos\pi t+1$$

(2) $1\le t\le 2$에서 $v(t)=\pi\sin\pi t\le 0$이므로 시각 $t=1$에서 $t=2$까지 점 P가 움직인 거리는

$$s=\int_1^2|\pi\sin\pi t|\,dt=\int_1^2(-\pi\sin\pi t)\,dt=\Big[\,\cos\pi t\,\Big]_1^2$$
$$=\cos 2\pi-\cos\pi=1-(-1)=2$$

답 (1) $-\cos\pi t+1$ (2) 2

유형 07

$\dfrac{dx}{dt}=2\sqrt{2}t,\ \dfrac{dy}{dt}=t^2-2$이므로
$$\Big(\frac{dx}{dt}\Big)^2+\Big(\frac{dy}{dt}\Big)^2=(2\sqrt{2}t)^2+(t^2-2)^2=8t^2+t^4-4t^2+4$$
$$=t^4+4t^2+4=(t^2+2)^2$$

따라서 구하는 거리는
$$\int_1^4\sqrt{(t^2+2)^2}\,dt=\int_1^4(t^2+2)\,dt=\Big[\,\frac{1}{3}t^3+2t\,\Big]_1^4=27$$

답 27

07-1

$\dfrac{dx}{dt}=2\sin 2t,\ \dfrac{dy}{dt}=2\cos 2t$이므로
$$\Big(\frac{dx}{dt}\Big)^2+\Big(\frac{dy}{dt}\Big)^2=(2\sin 2t)^2+(2\cos 2t)^2$$
$$=4(\sin^2 2t+\cos^2 2t)=4$$

따라서 구하는 거리는
$$\int_0^\pi\sqrt{4}\,dt=\int_0^\pi 2\,dt=\Big[\,2t\,\Big]_0^\pi=2\pi$$

답 2π

유형 08

$\dfrac{dx}{dt}=1\times\sin t+t\times\cos t-\sin t=t\cos t$

$\dfrac{dy}{dt}=1\times\cos t+t\times(-\sin t)-\cos t=-t\sin t$

이므로
$$\Big(\frac{dx}{dt}\Big)^2+\Big(\frac{dy}{dt}\Big)^2=(t\cos t)^2+(-t\sin t)^2$$
$$=t^2(\cos^2 t+\sin^2 t)=t^2$$

따라서 구하는 곡선의 길이는
$$\int_0^{2\pi}\sqrt{t^2}\,dt=\int_0^{2\pi}t\,dt=\Big[\,\frac{1}{2}t^2\,\Big]_0^{2\pi}=2\pi^2$$

답 ⑤

08-1

$y=\dfrac{e^x+e^{-x}}{2}$에서 $y'=\dfrac{e^x-e^{-x}}{2}$

따라서 구하는 곡선의 길이는
$$\int_0^1\sqrt{1+\Big(\frac{e^x-e^{-x}}{2}\Big)^2}\,dx=\int_0^1\sqrt{\frac{e^{2x}+2+e^{-2x}}{4}}\,dx$$
$$=\int_0^1\sqrt{\Big(\frac{e^x+e^{-x}}{2}\Big)^2}\,dx$$
$$=\int_0^1\frac{e^x+e^{-x}}{2}\,dx\ \Big(\because\ \frac{e^x+e^{-x}}{2}>0\Big)$$
$$=\frac{1}{2}\Big[\,e^x-e^{-x}\,\Big]_0^1$$
$$=\frac{1}{2}\Big(e-\frac{1}{e}\Big)$$

답 $\dfrac{1}{2}\Big(e-\dfrac{1}{e}\Big)$

<table>
<tr><td colspan="5">대표 유형 다지기   본문 71~72쪽</td></tr>
<tr><td>01 ③</td><td>02 ④</td><td>03 2</td><td>04 ④</td><td>05 ④</td></tr>
<tr><td>06 ③</td><td>07 ②</td><td>08 ①</td><td>09 ④</td><td>10 ①</td></tr>
<tr><td>11 83</td><td>12 $\dfrac{2}{3}$</td><td>13 ③</td><td>14 2</td><td></td></tr>
<tr><td colspan="5">15 $\dfrac{3}{4}+\dfrac{1}{2}\ln 2$</td></tr>
</table>

01

$\displaystyle\lim_{n\to\infty}\dfrac{2}{n}\sum_{k=1}^{n}\ln\left(1+\dfrac{2k}{n}\right)$에서 $\varDelta x=\dfrac{2-0}{n}$, $x_k=k\times\dfrac{2}{n}=\dfrac{2k}{n}$라 하면 정적분과 급수의 합 사이의 관계에 의하여

$$\lim_{n\to\infty}\sum_{k=1}^{n}\ln\left(1+\dfrac{2k}{n}\right)\times\dfrac{2}{n}=\int_{0}^{2}\ln(1+x)dx$$

$f(x)=\ln(1+x)$, $g'(x)=1$로 놓으면

$f'(x)=\dfrac{1}{1+x}$, $g(x)=x$

$$\begin{aligned}
\therefore \int_{0}^{2}\ln(1+x)dx&=\Big[x\ln(1+x)\Big]_{0}^{2}-\int_{0}^{2}\dfrac{x}{1+x}dx\\
&=2\ln 3-\int_{0}^{2}\left(1-\dfrac{1}{1+x}\right)dx\\
&=2\ln 3-\Big[x-\ln(1+x)\Big]_{0}^{2}\\
&=2\ln 3-(2-\ln 3)\\
&=3\ln 3-2
\end{aligned}$$

답 ③

02

$$\begin{aligned}
&\lim_{n\to\infty}\sum_{k=n+1}^{2n}\dfrac{\sqrt{k}}{n\sqrt{n}}\\
&=\lim_{n\to\infty}\sum_{k=n+1}^{2n}\sqrt{\dfrac{k}{n}}\times\dfrac{1}{n}\\
&=\lim_{n\to\infty}\left(\sqrt{1+\dfrac{1}{n}}+\sqrt{1+\dfrac{2}{n}}+\sqrt{1+\dfrac{3}{n}}+\cdots+\sqrt{1+\dfrac{n}{n}}\right)\times\dfrac{1}{n}\\
&=\lim_{n\to\infty}\sum_{k=1}^{n}\sqrt{1+\dfrac{k}{n}}\times\dfrac{1}{n}\\
&=\lim_{n\to\infty}\sum_{k=1}^{n}\sqrt{1+\dfrac{(2-1)k}{n}}\times\dfrac{1}{n}\\
&=\int_{1}^{2}\sqrt{x}\,dx
\end{aligned}$$

따라서 $a=1$, $b=2$이므로

$a+b=1+2=3$

답 ④

03

$y=\sqrt{x+1}$에서 $x=y^2-1$

따라서 구하는 넓이는

$$\begin{aligned}
&\int_{0}^{2}|y^2-1|\,dy\\
&=\int_{0}^{1}\{-(y^2-1)\}dy+\int_{1}^{2}(y^2-1)dy\\
&=\Big[-\dfrac{1}{3}y^3+y\Big]_{0}^{1}+\Big[\dfrac{1}{3}y^3-y\Big]_{1}^{2}\\
&=\dfrac{2}{3}+\dfrac{4}{3}=2
\end{aligned}$$

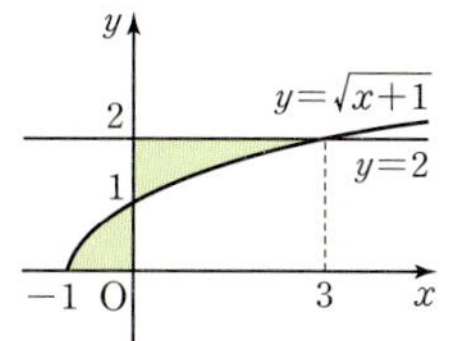

답 2

04

$y=e^{2x}$에서 $x=\dfrac{1}{2}\ln y$

따라서 구하는 넓이는

$$\begin{aligned}
&\int_{2}^{4}\dfrac{1}{2}\ln y\,dy\\
&=\dfrac{1}{2}\Big[y\ln y\Big]_{2}^{4}-\dfrac{1}{2}\int_{2}^{4}y\times\dfrac{1}{y}dy\\
&=\dfrac{1}{2}(4\ln 4-2\ln 2)-\dfrac{1}{2}\Big[y\Big]_{2}^{4}\\
&=\dfrac{1}{2}\times 6\ln 2-\dfrac{1}{2}\times 2\\
&=3\ln 2-1
\end{aligned}$$

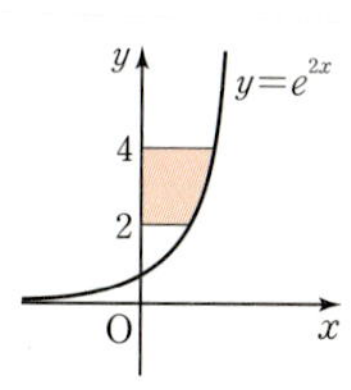

답 ④

05

두 곡선 $y=\ln(x+1)$, $y=\ln 3x$의 교점의 x좌표는 $\ln(x+1)=\ln 3x$에서

$x+1=3x$, $2x=1$ $\therefore x=\dfrac{1}{2}$

따라서 구하는 넓이는

$$\begin{aligned}
&\int_{0}^{\frac{1}{2}}\ln(x+1)dx-\int_{\frac{1}{3}}^{\frac{1}{2}}\ln 3x\,dx\\
&=\Big[(x+1)\ln(x+1)\Big]_{0}^{\frac{1}{2}}-\int_{0}^{\frac{1}{2}}dx-\Big[x\ln 3x\Big]_{\frac{1}{3}}^{\frac{1}{2}}+\int_{\frac{1}{3}}^{\frac{1}{2}}dx\\
&=\dfrac{3}{2}\ln\dfrac{3}{2}-\Big[x\Big]_{0}^{\frac{1}{2}}-\dfrac{1}{2}\ln\dfrac{3}{2}+\Big[x\Big]_{\frac{1}{3}}^{\frac{1}{2}}\\
&=\dfrac{3}{2}\ln\dfrac{3}{2}-\dfrac{1}{2}-\dfrac{1}{2}\ln\dfrac{3}{2}+\dfrac{1}{2}-\dfrac{1}{3}\\
&=\ln\dfrac{3}{2}-\dfrac{1}{3}
\end{aligned}$$

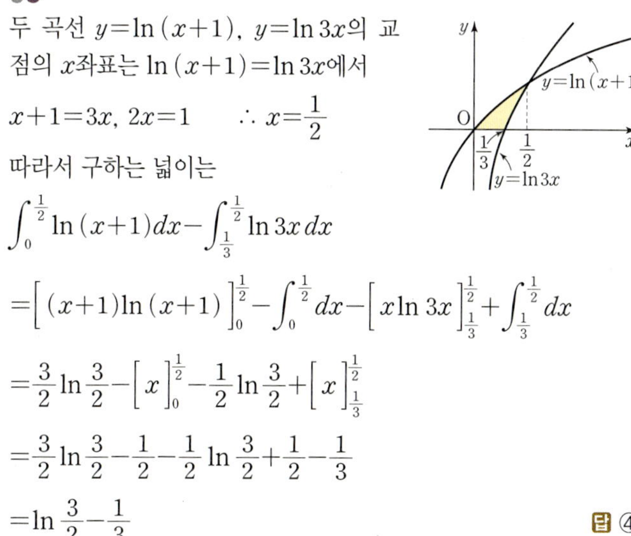

답 ④

06

두 곡선 $y=e^{x+2}$, $y=e^{2x}$의 교점의 x좌표는 $e^{2x}=e^{x+2}$에서

$2x=x+2$ $\therefore x=2$

따라서 구하는 넓이는

$$\begin{aligned}
\int_{0}^{2}(e^{x+2}-e^{2x})dx&=\Big[e^{x+2}-\dfrac{1}{2}e^{2x}\Big]_{0}^{2}\\
&=\dfrac{1}{2}e^4-e^2+\dfrac{1}{2}
\end{aligned}$$

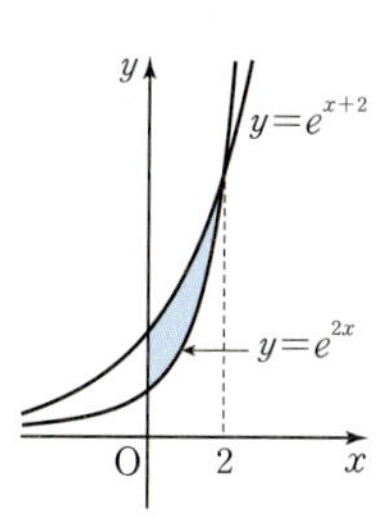

답 ③

07

곡선 $y=e^x$과 접선의 접점의 좌표를 $(\alpha,\ e^{\alpha})$이라 하자.

$y=e^x$에서 $y'=e^x$이므로 곡선 위의 점 $(\alpha,\ e^{\alpha})$에서의 접선의 기울기는 e^{α}이고 접선의 방정식은

$y-e^{\alpha}=e^{\alpha}(x-\alpha)$

이 접선이 원점을 지나므로

$0-e^{\alpha}=e^{\alpha}(0-\alpha)$ $\therefore \alpha=1$

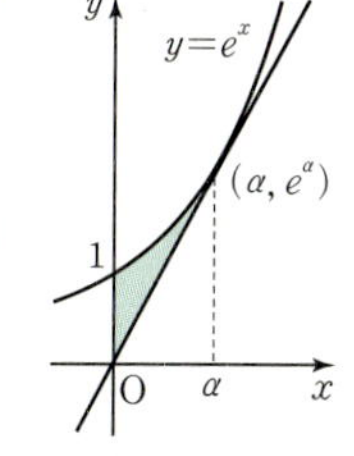

따라서 접선의 방정식은 $y=ex$이므로 구하는 넓이는

$$\int_0^1 (e^x-ex)\,dx=\left[e^x-\frac{e}{2}x^2\right]_0^1$$
$$=\frac{e}{2}-1$$

답 ②

08

두 함수 $y=f(x)$, $y=g(x)$의 그래프는 직선 $y=x$에 대하여 대칭이므로 구하는 넓이는 곡선 $y=f(x)$와 y축 및 직선 $y=x$로 둘러싸인 도형의 넓이의 2배이다.

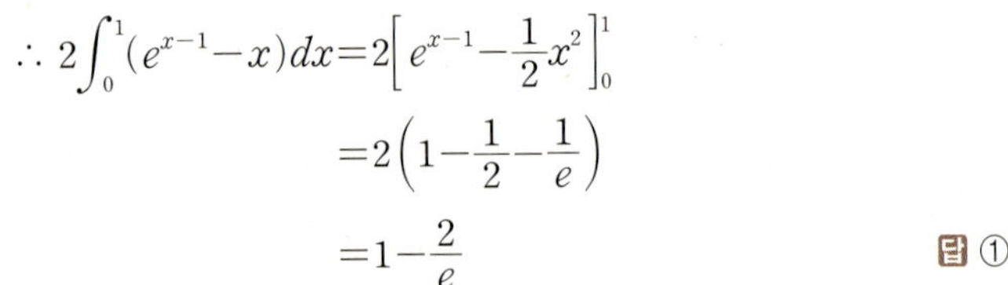

또한 곡선 $y=e^{x-1}$과 직선 $y=x$의 교점의 x좌표는 $e^{x-1}=x$에서 $x=1$

$$\therefore 2\int_0^1 (e^{x-1}-x)\,dx=2\left[e^{x-1}-\frac{1}{2}x^2\right]_0^1$$
$$=2\left(1-\frac{1}{2}-\frac{1}{e}\right)$$
$$=1-\frac{2}{e}$$

답 ①

09

두 도형의 넓이가 서로 같으므로

$$\int_0^{\frac{\pi}{2}} (\sin x-k)\,dx=0$$
$$\left[-\cos x-kx\right]_0^{\frac{\pi}{2}}=\left(-\frac{k\pi}{2}\right)-(-1)=0$$
$$\therefore k=\frac{2}{\pi}$$

답 ④

10

두 곡선 $y=\cos x$, $y=\dfrac{1}{\sqrt{3}}\sin x$의 교점의 x좌표는

$$\cos x=\frac{1}{\sqrt{3}}\sin x$$에서

$$\tan x=\sqrt{3}\quad\therefore x=\frac{\pi}{3}$$

$$\therefore S_1=\int_0^{\frac{\pi}{3}}\left(\cos x-\frac{1}{\sqrt{3}}\sin x\right)dx$$
$$=\left[\sin x+\frac{1}{\sqrt{3}}\cos x\right]_0^{\frac{\pi}{3}}$$
$$=\left(\frac{\sqrt{3}}{2}+\frac{1}{2\sqrt{3}}\right)-\frac{1}{\sqrt{3}}$$
$$=\frac{\sqrt{3}}{3}$$

또한 $\int_0^{\frac{\pi}{2}}\cos x\,dx=\left[\sin x\right]_0^{\frac{\pi}{2}}=1$이므로

$$S_2=1-\frac{\sqrt{3}}{3}$$

따라서 두 도형의 넓이의 비는

$$S_1:S_2=\frac{\sqrt{3}}{3}:\left(1-\frac{\sqrt{3}}{3}\right)=1:(\sqrt{3}-1)$$
$$\therefore k=\sqrt{3}-1$$

답 ①

11

밑면으로부터 $x\,\mathrm{cm}$인 지점에서의 단면의 넓이를 $S(x)$라 하면

$$S(x)=\pi\{(\sqrt{3})^x\}^2=\pi\times 3^x\,(\mathrm{cm}^2)$$

따라서 구하는 부피는

$$\int_0^4 \pi\times 3^x\,dx=\pi\int_0^4 3^x\,dx=\pi\left[\frac{3^x}{\ln 3}\right]_0^4$$
$$=\pi\left(\frac{81}{\ln 3}-\frac{1}{\ln 3}\right)$$
$$=\frac{80}{\ln 3}\pi\,(\mathrm{cm}^3)$$

즉, $p=3$, $q=80$이므로

$$p+q=3+80=83$$

답 83

12

오른쪽 그림과 같이 원점에서 $x\,(0\le x\le 1)$만큼 떨어진 x축 위의 점에서 x축에 수직인 평면으로 자른 이등변삼각형의 밑변의 길이는 $x^2+y^2=1$에서 $2\sqrt{1-x^2}$이므로

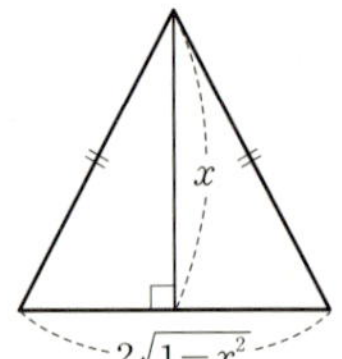

단면의 넓이를 $S(x)$라 하면

$$S(x)=\frac{1}{2}\times 2\sqrt{1-x^2}\times x=x\sqrt{1-x^2}$$

따라서 구하는 부피는

$$2\int_0^1 S(x)\,dx=2\int_0^1 x\sqrt{1-x^2}\,dx$$

$1-x^2=t$로 놓으면 $-2x=\dfrac{dt}{dx}$이고

$x=0$일 때 $t=1$, $x=1$일 때 $t=0$이므로

$$2\int_0^1 x\sqrt{1-x^2}\,dx=-\int_1^0 \sqrt{t}\,dt$$
$$=\int_0^1 t^{\frac{1}{2}}\,dt$$
$$=\left[\frac{2}{3}t^{\frac{3}{2}}\right]_0^1=\frac{2}{3}$$

답 $\dfrac{2}{3}$

13

$$\frac{dx}{dt}=e^t\cos 2t-2e^t\sin 2t=e^t(\cos 2t-2\sin 2t)$$
$$\frac{dy}{dt}=e^t\sin 2t+2e^t\cos 2t=e^t(2\cos 2t+\sin 2t)$$

이므로

$$\left(\frac{dx}{dt}\right)^2+\left(\frac{dy}{dt}\right)^2=\{e^t(\cos 2t-2\sin 2t)\}^2+\{e^t(2\cos 2t+\sin 2t)\}^2$$
$$=e^{2t}(5\cos^2 2t+5\sin^2 2t)$$
$$=5e^{2t}$$

따라서 구하는 거리는

$$\int_0^1 \sqrt{5e^{2t}}\,dt=\int_0^1 \sqrt{5}\,e^t\,dt=\left[\sqrt{5}\,e^t\right]_0^1=\sqrt{5}(e-1)$$

답 ③

14

$$\frac{dx}{dt}=t-4,\ \frac{dy}{dt}=4\sqrt{t}$$ 이므로

$$\left(\frac{dx}{dt}\right)^2+\left(\frac{dy}{dt}\right)^2=(t-4)^2+(4\sqrt{t})^2=t^2-8t+16+16t$$
$$=t^2+8t+16=(t+4)^2$$

이때, $t=0$에서 $t=a$까지 점 P가 움직인 거리가 10이므로

$$\int_0^a \sqrt{(t+4)^2}\,dt=10, \quad \int_0^a (t+4)\,dt=10$$

$$\left[\frac{1}{2}t^2+4t\right]_0^a=10, \quad \frac{1}{2}a^2+4a=10$$

$$a^2+8a-20=0, \quad (a+10)(a-2)=0$$

$$\therefore a=2 \ (\because a>0)$$

답 2

15

$$y'=\frac{1}{4}\left(2x-\frac{2}{x}\right)=\frac{1}{2}\left(x-\frac{1}{x}\right)$$

이므로 구하는 곡선의 길이는

$$
\begin{aligned}
\int_1^2 \sqrt{1+\frac{1}{4}\left(x-\frac{1}{x}\right)^2}\,dx
&=\int_1^2 \sqrt{1+\frac{1}{4}\left(x^2-2+\frac{1}{x^2}\right)}\,dx \\
&=\int_1^2 \sqrt{\frac{1}{4}\left(x^2+2+\frac{1}{x^2}\right)}\,dx \\
&=\int_1^2 \sqrt{\frac{1}{4}\left(x+\frac{1}{x}\right)^2}\,dx \\
&=\int_1^2 \frac{1}{2}\left(x+\frac{1}{x}\right)\,dx \\
&=\frac{1}{2}\left[\frac{1}{2}x^2+\ln x\right]_1^2 \\
&=\frac{1}{2}\left\{(2+\ln 2)-\frac{1}{2}\right\} \\
&=\frac{3}{4}+\frac{1}{2}\ln 2
\end{aligned}
$$

답 $\dfrac{3}{4}+\dfrac{1}{2}\ln 2$

Memo

PROJECT
531
수학을 쉽게